Momentaufnahmen

ALEXANDER SCHULZE

Momentaufnahmen

52 nicht ganz alltägliche Alltagsgeschichten

EVANGELISCHE VERLAGSANSTALT
Leipzig

ALEXANDER SCHULZE, Dr. phil., Jahrgang 1976, studierte Theologie und Philosophie in Deutschland und den USA, lehrt Praktische Theologie an der Theologischen Hochschule Friedensau und ist Mitglied der American Academy of Religion (AAR) und der International Academy of Practical Theology (IAPT).

Bibliographische Information der Deutschen Nationalbibliothek:
Die Deutsche Nationalbibliothek verzeichnet diese Publikation in der Deutschen Nationalbibliographie; detaillierte bibliographische Daten sind im Internet über http://dnb.dnb.de abrufbar.

Das Buch wurde auf alterungsbeständigem Papier gedruckt.

Gesamtgestaltung: Mario Moths, Marl
Coverbild: Stock-Fotografie, Sezeryadigar
Druck und Binden: BELTZ Grafische Betriebe GmbH

ISBN 978-3-374-06596-7
www.eva-leipzig.de

INHALT

IV. Lebenslinien

Vorwort

Man sieht nur mit dem Herzen gut.
Das Wesentliche ist für die Augen unsichtbar.

Antoine de Saint-Exupéry

Die für diesen Band ausgewählten Texte sind über einen Zeitraum von 20 Jahren entstanden und im öffentlich-rechtlichen Rundfunk gesendet worden. »Momentaufnahmen« im wahrsten Sinne des Wortes, in denen ich von Menschen erzähle, deren Geschichten mich sehr berührt haben. Ich habe ihnen viel zu verdanken.

Besonders beeindruckt hat mich die Geschichte des 64-Jährigen, der jeden Morgen Zeitungen austrägt. Wie er wüsste ich gern mehr über das Mädchen mit der Blume. Vielleicht gehört sie – wie er – zu den Leserinnen und Lesern dieser Zeilen. Ihr besonnenes Tun und Lassen im Herbst 1989 hat zum friedlichen Ausgang beigetragen. Sie stehen stellvertretend für unzählige Männer und Frauen diesseits und jenseits der Elbe, die das Zusammenwachsen des geteilten Landes bis zum heutigen Tag möglich machen.

Dabei erzählen die meisten Momentaufnahmen generationenübergreifend vom eher unspektakulären Leben und Erleben im Hier und Heute. Sie sind nicht weniger faszinierend. Nicht selten lassen sie sich im Rückblick als Weichenstellungen identifizieren, die zu Deutungsmustern und Handlungsmaximen in der Gegenwart werden; liebgewonnene Rituale, die hier ihren Ursprung haben. Persönlicher Glaube, der trägt, nicht allein deshalb, weil er tradiert, sondern weil er als Trost und Perspektive erlebt worden ist.

Eine besondere Zugabe sind die »Weihnachtsgeschichten«, die meine Frau und ich für die Erstausstrahlung am Heiligabend gemeinsam produziert und eingesprochen haben. Da ihre Protagonisten im Gegensatz zu den Momentaufnahmen keine realen Entsprechungen haben, wurden sie am Ende dieses Bandes aufgenommen.

Dank

Ich danke meinen Kolleginnen und Kollegen beim öffentlich-rechtlichen Rundfunk für die professionelle Zusammenarbeit und das konstruktive Feedback. Der Evangelischen Verlagsanstalt Leipzig danke ich für die kompetente und unkomplizierte Betreuung. Für den großzügigen Druckkostenzuschuss danke ich der Theologischen Hochschule Friedensau.

Nicht zuletzt gilt mein Dank den Männern, Frauen und Kindern, deren Geschichten ich erzählen darf. Sie haben mich an ihrem Erleben teilhaben lassen und mir dabei großes Vertrauen entgegengebracht. Das ist alles andere als selbstverständlich und bedeutet mir sehr viel. Um ihre Persönlichkeitsrechte zu schützen, habe ich ihre Geschichten dahingehend verfremdet, dass etwaige Rückschlüsse zu realen Personen zufällig sind.

I. Alltagsrituale

Harald

Laufschuhe, Waldboden und ungestört unsortiert

Harald schnürt die Laufschuhe, lässt die Haustür hinter sich ins Schloss fallen und läuft los. So früh ist noch niemand auf den Beinen. Die frische Morgenluft vertreibt die Müdigkeit. Aus der ärztlichen Anordnung, sich mehr zu bewegen, ist ein festes und liebgewordenes Ritual geworden. Jeden Morgen. Bei jedem Wetter. Harald läuft. Dass er dafür etwas zeitiger Aufstehen muss, nimmt er gern in Kauf.

Seine Laufstrecke führt ihn in ein nahegelegenes Waldgebiet. Das Zwitschern der Vögel wird intensiver. Erstes Sonnenlicht bricht sich Bahn. Der Belag wechselt von hartem Asphalt zu federndem Waldboden. Harald hört seinen Atem und spürt Lungenflügel und Beinmuskulatur. Die Anstrengung tut gut und treibt kleine Schweißperlen auf seine Stirn.

Seit Harald mit dem Laufen angefangen hat, kann er wieder beten. Morgens beim Sport, gänzlich ungestört, ganz bei sich selbst, findet er seinen Zugang zu Gott. Er lässt den Gedanken freien Lauf.

Seinen Fragen, seinem Hoffen, seinen Zweifeln. Auch Angst und Versagen spricht er aus. Keine wohlformulierten Gebete, nichts Fertiges, nichts Druckreifes. Ganz und gar nichts für die Öffentlichkeit. Eher so unsortiert und unfertig, wie man sich morgens vor dem Frühstück fühlt. Für Gott macht das keinen Unterschied.

Manuela

Drei Kinder und immer 100 Prozent

Drei Kinder! Die würde man Manuela nicht ansehen, wenn man sie allein träfe. Nur ist sie nie allein. Die drei sind immer dabei. Rund um die Uhr. Zwei Mädchen und ein Junge. Fünf, drei, und ein Jahr alt. Und eines lebhafter und liebenswerter als die anderen. Jedes für sich ganz individuell und immer einhundert Prozent: ganz leise oder ganz laut, ganz traurig oder ganz fröhlich, ganz wild oder ganz kuschelig.

Sie wollten die Kinder. Jedes einzelne ein Wunschkind. Auch der Abstand sollte so sein. Und sie lieben die drei von ganzem Herzen, aber an manchen Tagen, hat sie das Gefühl, dass alle Verantwortung auf ihr lastet.

Mit drei kleinen Kindern im Schlepptau verändern sich nur die Möglichkeiten, die persönlichen Bedürfnisse bleiben die gleichen. Früher, als sie noch arbeiten ging, hatte sie sich immer auf diese Zeit gefreut. Babypause. Elternzeit. Den ganzen Tag zu Hause. Ganz für die Kleinen da sein. Zeit haben.

Dass dieses Ganz so ganz und gar sein würde, hätte sie sich nicht vorstellen können. Oft sind die Tischgebete der Kinder der einzige Ruhepol im Tagesgeschehen. Die Kinder danken nicht nur für das Essen, sondern bitten auch, dass sie davon groß und stark werden. Wenn sie daran denkt, dass die Kinder in wenigen Jahren tatsächlich groß sein werden, sieht sie ihr Heute mit anderen Augen.

Albert

Frisch gemahlener Kaffee und Momente, die Zeit kosten dürfen

Albert gibt eine Handvoll frisch gerösteter Bohnen in die Kaffeemühle und beginnt zu mahlen. Erst ruckelnd, dann immer gleichmäßiger. Die Kurbel quietscht. Nach kurzer Zeit hält er inne, öffnet die kleine hölzerne Schublade und prüft die Körnung des frisch gemahlenen Kaffees. Mit Daumen und Zeigefinger justiert Albert den Mahlgrad am Stellrädchen, schiebt die Schublade zurück in die Mühle und mahlt weiter. Natürlich wäre es leichter, fertig gemahlenen Kaffee zu kaufen. Billiger wäre es sowieso.

Albert füllt frisches Wasser in den Kessel der Herdkanne. Dann zieht er die kleine hölzerne Schublade aus der Mühle und verteilt das Mehl gleichmäßig auf dem Siebträger. Der Duft des frisch gemahlenen Kaffees erfüllt den ganzen Raum. Geschickt setzt Albert den Siebträger auf den Kessel, verschraubt den Untersatz mit der Metallkanne und stellt sie bei mittlerer Flamme auf den Herd.

Je älter er wird, desto öfter fragt er sich, wie viel Zeit er leichtfertig vergeudet hat: abwartend, ohnmächtig, frustriert, gelangweilt, nur physisch anwesend. Wie viel lebenswerter sind die wenigen Momente, die er mit allen Sinnen wahrnimmt: hört, sieht, fühlt, riecht und schmeckt. Sie dürfen Zeit kosten. Der Kaffee ist fertig.

Gudrun

Zeitungskolumnen, moralische Zeigefinger und weltfremdes Verteufeln

Die Kolumne liest Gudrun immer zuerst. Ein Wort zum Tag ohne moralischen Zeigefinger. Aktuell und pointiert. Wie sie das genießt! Seitdem die Kinder aus dem Haus sind, gehört das Zeitunglesen wieder zum Frühstück dazu. Früher hatte sie sich immer darüber aufgeregt, wenn ihr Mann beim Essen zum Sportteil griff. »Das ist jetzt nicht dran!« hatte sie stereotyp wiederholt. Solange die Kinder am Tisch saßen, hatten familiäre Anliegen oberste Priorität.

Nach der Kolumne und der ersten Tasse Kaffee liest Gudrun den Leitartikel, dann die Kommentare zum Tagesgeschehen. Oft sind es gerade die gegensätzlichen Positionen, die sie komplexe Zusammenhänge besser verstehen lassen. Sie will wissen, was passiert und Entwicklungen in Politik, Gesellschaft und Kultur nachvollziehen können. Sich aufzuregen, weil es alle tun und in den allgemeinen Tenor der Unzufriedenheit einzustimmen, das wäre ihr zu wenig.

Gerade als Christin will sie nicht weltfremd in den Tag hineinleben, alles verteufeln und mit verklärtem Blick auf den Himmel verweisen. Aus der Kraft, die sie aus dem Glauben schöpft, möchte sich Gudrun den großen und kleinen Herausforderungen jedes neuen Tages stellen. Auch heute.

Ludwig

Lederriemen, Hohlschliffklinge und Dachshaarpinsel

Ludwig trägt Bart. Nicht weil es gerade in ist, sondern schon immer. Dass ein Vollbart gepflegt werden muss und keinesfalls weniger Arbeit macht, ist selbstverständlich. Tägliches Bürsten und Ölen des Bartes gehört ebenso zur Bartpflege wie das wöchentliche Trimmen und Stutzen mit Kamm und Schere.

Für die Konturen seines Vollbarts benutzt Harald ein klassisches Rasiermesser aus Edelstahl. Um es zu schärfen, zieht er die Hohlschliffklinge vor jeder Rasur wechselseitig über einen Lederriemen. Auch die Zubereitung des Rasierschaums mit Seife, Dachshaarpinsel und heißem Wasser ist solide Handarbeit.

Sorgfältig trägt Harald den Schaum auf die zu rasierenden Gesichtspartien auf, um das Barthaar nach der erforderlichen Einwirkzeit mit frisch abgelederter Klinge in Form zu bringen. Routiniert und mit sicherer Hand führt er das Rasiermesser immer im richtigen Winkel. Geschnitten hat er sich schon lange nicht mehr.

Harald wird immer Bart tragen. Etwas nur deshalb zu tun, weil es gerade in ist, käme für ihn nicht in Frage. Was er tut, tut er aus Überzeugung.

Marion

Der Donnerstagabend, das rausgezogene Telefon und die Vorfreude auf das Unverfügbare

Donnerstags kommt immer ihre Serie. Schon beim Frühstück freut sie sich auf den Abend. Marion verpasst keine Folge. Sie fiebert mit. 45 Minuten heile Welt, die sie den eigenen Alltag vergessen lassen. Jede Geschichte, jede Fügung, jede von den Medizinern gestellte Diagnose wird ein stückweit zu ihrer eigenen. Die Vorfreude auf den Abend begleitet sie durch den Tag.

Marion ist nicht naiv. Sie weiß, wie es in der Notaufnahme zugeht. Auch, wie es ist, selbst im Mehrbettzimmer auf Station zu liegen. Trotzdem erlaubt sie sich die Vorstellung, wie es wohl wäre, in der Fernsehklinik operiert zu werden, von ihrem Chefarzt, der keine Fehler macht und der auch Kassenpatienten behandelt?

Wenn ihre Serie kommt, möchte Marion von niemandem gestört werden. Sie will lachen und weinen, hoffen und mitfühlen. Es ist ihre Auszeit, die sie sich erlaubt. Sogar das Telefon zieht sie am Donnerstagabend raus.

Die Kinder haben es gut gemeint. Zum Geburtstag haben sie ihr alle bisherigen Staffeln ihrer Serie auf DVD geschenkt. Eine schöne Idee, aber es ist nicht dasselbe. Es ist eben nicht nur die Gewissheit, dass am Ende alles gut ausgeht, sondern auch die Vorfreude auf das Unverfügbare. Das Warten gehört dazu. Gar nicht mehr lange bis heute Abend. Marion freut sich darauf.

II. Flegeljahre

Yasin

Flucht, Perspektivlosigkeit und trotz allem bewahrte Würde

Wenn Yasin aus dem Fenster schaut, sieht er Stacheldraht. Nicht durchgehend, aber die erhaltenen Zaunfelder zur Straße erinnern daran, dass die Asylbewerber auf dem Gelände einer ehemaligen Kaserne untergebracht sind. Dort, wo bis Anfang der 90er Jahre Militärstreitkräfte stationiert waren, vegetieren heute 273 Männer, Frauen und Kinder aus Syrien, Ägypten und dem Iran auf engstem Raum. Yasin ist einer von ihnen. Im Asylbewerberheim riecht es nach Langeweile, Urin und Perspektivlosigkeit. Aus einigen Zimmern dröhnt Musik, aus anderen ist Streit zu hören. Erwachsene, die lauter schreien, als Babys weinen. Farbe blättert von den Wänden, Armaturen rosten vor sich hin und in den Ecken breitet sich Schimmel aus.

Bis vor drei Jahren lebte der heute 15-Jährige mit seinen Eltern und den beiden jüngeren Geschwistern in einem Vorort von Aleppo. Als die Gewalt gegen die christliche Minderheit im Land eskalierte, waren sie geflohen. Zum Sachenpacken blieb keine Zeit. Kaum ein Ort, an dem sie länger bleiben durften. Seit Januar sind sie in Deutschland. Ob sie bleiben dürfen ist ungewiss. Die Bundesrepublik ist ein kalter Ort. Nicht nur im Winter. Yasin vermisst die Sonne, das Meer und seine Klassenkameraden aus der Grundschule. Er hat mehr als zwei Schuljahre versäumt. In Deutschland gilt generelle Schulpflicht. Aber nicht für jeden. Asylbewerber müssen nicht versorgt werden, haben aber grundsätzlich Anspruch darauf. Schulrecht heißt das im Amtsjargon. Das ist ein Unterschied.

Yasins Vater hat sich bemüht, dass sein Junge in Deutschland zur Schule gehen darf. Auch wenn sie darüber oft streiten, bewundert Yasin ihn. Der Agraringenieur hatte binnen weniger Stunden Einfamilienhaus, Garten, Auto, und Anstellung, alles, was er bis dahin erarbeitet hatte, aufgegeben, um seine Familie in Sicherheit zu bringen. Weder die Flucht noch die 12 Quadratmeter, die der fünfköpfigen Familie jetzt als Wohnraum zur Verfügung stehen, haben ihn an Würde verlieren lassen. Jeden Morgen steht er vor allen anderen auf, rasiert sich, kleidet sich sorgfältig und bereitet der Familie liebevoll das Frühstück, bevor sie den neuen Tag in Gottes Hände legen.

Nora

Montage, Glätteisen und morgen Montesquieu

Nora ist auf hundertachzig. Sie hat verschlafen, ihre Lieblingsjeans ist noch in der Wäsche und die Frisur will einfach nicht halten. Und das ausgerechnet heute, am Montag. Die 14-Jährige legt das Glätteisen genervt zur Seite, lässt die Badezimmertür offenstehen und geht in die Küche. Wie sie Montage hasst. Aus dem Wochenende zurück in den Alltag. Als ob das nicht schon schwer genug wäre. Warum nicht zwei Tage Schule und fünf Tage Wochenende? Dann gäbe es auch Brötchen zum Frühstück. Die Mutter stellt ihr eine Schüssel Cornflakes auf den Tisch und wünscht guten Appetit. Lustlos löffelt Nora ihr Frühstück und versucht nicht an den Tag zu denken. »Schreibt ihr heute was?«, beginnt die Mutter vorsichtig das Gespräch. »Danke, Mama!«, denkt Nora, genau das, was ich jetzt gar nicht gebrauchen kann. Für die Spanischklausur, die die 8b heute in der der ersten und zweiten Stunde schreibt, hat sie das ganze Wochenende gebüffelt. Die Klausur macht 25 Prozent der Halbjahresnote aus. Zur Vorbereitung auf den Chemietest war einfach keine Zeit.

»Bei mir wird's heute Abend später«, sagt die Mutter, ohne die Antwort der Tochter abzuwarten. »War klar«, denkt Nora und mustert die Mutter, die ihr noch ungeschminkt, im Morgenmantel und mit sowas von gar nicht zurechtgemachten Haaren ihre Schulbrote einpackt. Papa ist längst unterwegs. Ich hätte auch mal gern den ganzen Vormittag Zeit zum Anziehen und Haare machen. Bis die Mutter im Büro sein muss, ist Noras Spanischklausur längst Geschichte. Aaah, Geschichte. Da ist morgen in der sechsten mündliche Leistungskontrolle. Wie soll sie das nur schaffen: »Montesquieu und die Frage der Gewaltenteilung in der Französischen Revolution«. Vielleicht kann Mama sie ja heute Abend«, ... »Du musst los!« die Mutter deutet auf die Küchenuhr und nickt ihr zu. Gestresst schiebt Nora die Cornflakes zur Seite, greift nach ihrem Rucksack und schreit: »Ihr habt doch eh keine Zeit für mich!«

Sekunden später knallt die Haustür hinter ihr ins Schloss. Die Mutter räumt die Cornflakes-Schüssel in den Geschirrspüler, macht die Betten, legt das Glätteisen zurück in die Schublade und schließt die Badezimmertür. Dann betet sie, dass Nora gut durch den Tag kommt und sie sich am Abend wohlbehalten wiedersehen.

David

Eine 5 in Physik und die 10 auf dem Platz

»An ihrer Stelle wäre ich so klein mit Hut!« Herr Lamprecht stiert David mit hochrotem Kopf an und schnaubt vor Wut. Der Abstand, den er zwischen Daumen und Zeigefinger andeutet, misst nur wenige Zentimeter. »So klein mit Hut«, wiederholt der Physiklehrer und David muss sich ernsthaft zusammenreißen, um nicht laut loszulachen. Dabei ist ihm eigentlich zum Heulen. Mit der 5, die der 16-Jährige soeben für die Vergleichsarbeit in Physik gefangen hat, ist er in einem zweiten Fach versetzungsgefährdet. Keine guten Voraussetzungen für den Übergang in die gymnasiale Oberstufe. Wenn es nach dem Willen der Eltern geht, soll David in zweieinhalb Jahren Abitur machen. Was er selbst will, steht dabei nicht zur Debatte. Sollen sie sich doch wünschen, was sie wollen. Wie es aussieht, wird er nicht mal die Zehnte schaffen, ohne Ehrenrunde.

Lamprecht hat sich wieder beruhigt und schreibt Formeln an die Tafel. David sieht aus dem Fenster und wünscht sich weit weg. Fußballprofi – das wär's! Auf dem Platz fühlt sich David frei und absolut in seinem Element. Er liebt das schnelle Kombinationsspiel und freut sich über jeden Punkt, den er für die Mannschaft holen kann. Jeder hat seinen Platz und einer kann sich auf den anderen verlassen. Seit dieser Saison spielt er in der A-Jugend. Offensives Mittelfeld. David ist Stammspieler. Sein Trikot trägt die Rückennummer 10. Manchmal stellt er sich vor, wie es wäre, von einem Talentscout der Bundesliga entdeckt zu werden und einen Vertrag als Profispieler angeboten zu bekommen. Dann würde ihn niemand mehr in Frage stellen. Der Marktwert seines Lieblingsspielers liegt aktuell bei 45 Millionen.

Die Pausenklingel holt ihn zurück in die Schule. In der letzten Stunde am Dienstag hat die 10a immer Religionsunterricht bei Elisabeth. »Reli bei Eli« heißt das bei den Schülern. Die einzige Lehrerin mit der sie per Du sind. Nach dem Unterricht bittet sie David, noch einen Moment zu bleiben. Sie hat von der 5 in Physik gehört. »Dein Wert bemisst sich nicht an deinem Schulabschluss, David. Für Gott bist du unendlich wertvoll. Er will, dass es dich gibt, und ich möchte, dass du das weißt.«

Leonie

Katzenfutter, Weihnachtsmänner und das Ave Maria

Routiniert stapelt Leonie Katzenfutter in die Regale. Verpackungen mit bald ablaufendem Mindesthaltbarkeitsdatum gehören nach vorn, die neuen kommen nach hinten. Abgelaufene Ware wird aussortiert und zu den preisreduzierten Artikeln an die Kasse gestellt. Jeden Tag nach der Schule arbeitet sie hier im Supermarkt. 325 Euro die sie zum monatlichen Einkommen beisteuert. Die Mutter ist alleinerziehend. Trotz der kleinen Wohnung in der alten Plattenbausiedlung hat sie große Mühe, sich und die Kinder über die Runden zu bringen.

Leonie streicht sich mit dem Handrücken eine Haarsträhne aus dem Gesicht und geht zur nächsten Palette. Weihnachtsmänner, 1.280 Stück, steht auf dem Etikett. Leonie seufzt und legt los. Laut Jugendschutzgesetz darf sie seit ihrem fünfzehnten Geburtstag auch nach 18 Uhr arbeiten. An diesen Tagen kommt sie zu spät, um ihren kleinen Bruder aus dem Kindergarten abzuholen. Wenn die Mutter Spätschicht hat, muss Leonie sich auch darum kümmern. Für die Hausaufgaben ist erst Zeit, wenn Luca im Bett ist. Eigentlich lernt sie gern. Nur, dass sie in der Schule oft so müde ist, dass sie im Unterricht einschläft.

Von ihren Mitschülern wird sie kaum wahrgenommen. Anfangs wurde sie gemobbt. Inzwischen wird sie nur noch gemieden. Zwischen ihr und den anderen Mädchen in ihrem Alter liegen Welten. Manchmal kommen sie am Nachmittag in den Supermarkt um Cola, Zeitschriften, Schokolade, Lippenstifte und Nagellack zu kaufen. In zehn Minuten geben sie mehr Geld aus, als Leonie in einer ganzen Schicht verdient. Peinlichst versucht sie, nicht von ihnen gesehen zu werden.

Ihr Lieblingsfach in der Schule ist Musik. Da ist sie immer hellwach. Leonie kann keine Noten lesen, aber sie singt sehr gern. Die Weihnachtslieder kennt sie sicher in Text und Melodie aus der Lautsprecheranlage des Supermarkts. Nicht die Marzipankugeln und Jingle Bells, sondern die Menschen im Stall von Bethlehem geben ihr Trost. In einer Woche ist Heiligabend. Anfang Dezember hatte sie der Musiklehrer gefragt, ob sie beim Weihnachtsanspiel das ›Ave Maria‹ singen würde. »Ich?«, hatte Leonie gestammelt, »Ich kann doch gar keine Noten!« »Aber du kennst Maria«, hatte der Lehrer freundlich geantwortet.

Georg

Das Kein-Familienhaus und der Vater, der da ist

Georg lebt mit seiner Mutter in einer schicken Villa im besten Viertel der Stadt. Unser bescheidenes Kein-Familienhaus hatte es der Vater immer jovial genannt, wenn Gäste zu Besuch waren und er sie stolz auf dem Grundstück herumgeführt hatte. Damals ahnte noch keiner, wie recht er damit haben sollte. Dann, vor zwei Jahren, hatte er die Familie verlassen, um mit einer anderen Frau zusammenzuleben. Georg war damals gerade zwölf geworden und verstand die Welt nicht mehr. Wie konnte Papa das Leben in ihrem riesigen Haus zu eng sein, und warum hatte er Mama nicht mehr lieb?

Natürlich sollte es ihnen an nichts fehlen. Mama und Georg konnten wohnen bleiben und ihr Kein-Familienhaus macht seinem Namen alle Ehre. Georg darf sich wünschen, was er will und früher oder später bekommt er es auch für gewöhnlich; wenn nicht von Mama dann von Papa. Einer von beiden unterschreibt auch immer seine Klassenarbeiten. Zum Lernen und Abhören findet sich niemand. Zur Not würden sie ihm sicher auch einen Nachhilfelehrer bezahlen. Für den Fall, dass wirklich mal gar nichts mehr gehen sollte, ist Mama als Vertreterin des Elternrates in der Zensurenkonferenz. Papa engagiert sich immer mal wieder im Förderverein des Gymnasiums.

Seine Nachmittage und Abende verbringt Georg am Computer. Die Bässe in seinen Kopfhörer lassen ihn alles um sich herum vergessen. Die virtuellen Welten auf seinem Flachbildschirm helfen ihm, sich weniger allein zu fühlen. Neulich im Ethikunterricht hatte er eher beiläufig gehört, dass Christen daran glauben, dass Gott als ein liebender Vater für seine Kinder da ist. Georg war fasziniert. Er wünscht sich keinen Vater, der ihm alles kauft, sondern einen Vater, mit dem er alles teilen kann. Zum Halbjahr wird er Ethik abwählen und in den Religionsunterricht wechseln. Über diesen Vater möchte er mehr erfahren.

Charlotte

Die Anders, die Anderen und die Versetzungsgefahr

»Charlotte hat wie immer die beste Arbeit geschrieben!« Freudestrahlend überreicht ihr Frau Anders die Französischklausur und nickt ihr anerkennend zu. »Warum nehmen sie sich nicht ein Beispiel an ihrer Mitschülerin?« Die 16-Jährige bemüht sich zu lächeln und möchte vor Scham im Erdboden versinken. Eigentlich freut sie sich über ihre guten Noten und sie hat auch ehrlich Freude am Lernen und an Leistungskontrollen, in denen sie das Gelernte unter Beweis stellen kann, aber von Lehrern vor der ganzen Klasse gelobt und als Vorbild hingestellt zu werden, ist einfach nur oberpeinlich.

Die 10a ist eher leistungsschwach. Mangelnde Disziplin und erhebliche Lücken in nahezu allen Fächern haben sie zu einer der schlechtesten Klassen des ganzen Gymnasiums werden lassen. Charlotte kümmert das alles wenig. Die werden schon sehen, was sie davon haben. Frau Anders ist die dritte Klassenlehrerin, die es mit ihnen versucht. sechs Wochen ist sie jetzt da. Mal sehen, wie lange sie durchhält. Mit dem Klingeln zur Pause heftet die Klassenbeste ihre Klausur ab und packt Ordner und Französischbuch in den Rucksack. Sollen sie doch alle sitzen bleiben. Sie wird ihren Weg gehen.

»Charlotte!« Während die Klasse den Raum verlässt, hat Frau Anders sie noch einmal zu sich an den Lehrertisch gerufen. »Ich muss sie darüber in Kenntnis setzen, dass sie versetzungsgefährdend sind.« Frau Anders sieht sie mit ernstem Blick an. »Versetzungsgefährdet, ich?« Charlotte erschrickt. Ihre schlechteste Note ist eine Zwei minus in Sport. Wie um alles in der Welt, sollte sie versetzungsgefährdet sein? Georg, ja. Der ganz bestimmt. Und David, seit der Fünf am Dienstag in Physik sogar in zwei Fächern. Aber sie?

Frau Anders bittet sie Platz zu nehmen: »Ich werde ihnen eine Sechs in Sozialverhalten geben.« Kopfnoten sind nicht versetzungsrelevant, schießt es Charlotte durch den Kopf. »Damit bleiben sie nicht sitzen«, fährt die Lehrerin mit ruhiger Stimme fort, als ob sie Charlottes Gedanken lesen könnte, »aber ich sagte auch nicht, dass sie versetzungsgefährdet sind. Sie sind versetzungsgefährdend. Sie gefährden die Versetzung Ihrer Mitschüler. Ich erwarte von ihnen, dass sie sich gemeinsam mit mir für ihre Klasse einsetzen. Das ist ihre Verantwortung als Einserschülerin, Charlotte.«

III. Brotberufe

Helmut

Wertvolle Fracht im Miteinander der Generationen

Eigentlich wollte Helmut immer Chauffeur werden. Mit Anzug und Krawatte wichtige Leute in einer schwarzen Limousine pünktlich und sicher von A nach B bringen. Das mit der Krawatte hat geklappt. Nur das darauf das Symbol der Verkehrsbetriebe prangt und er keine schwarze Limousine, sondern den restlos überfüllten Schulbus fährt. Morgens um 05:25 Uhr und am Nachmittag ab 12:45 Uhr. Fünf Tage die Woche. Dazwischen und an jedem zweiten Wochenende Pendelverkehr.

Die Schulkinder nerven ihn. Sie sind laut und machen die Sitze dreckig. Entweder spielen sie mit ihren Handys rum oder sie schubsen sich gegenseitig von den Sitzen. Kaum einer grüßt. Ob ihm eigentlich bewusst sei, »welch kostbare Fracht er da jeden Morgen transportiere?«, hatte ihn kürzlich ein älterer Fahrgast gefragt. Helmut war irritiert. Er hatte sich immer eigene Kinder gewünscht. Leider vergeblich. Allerdings fuhr er da auch noch nicht den Schulbus. Was sollte an diesen pubertierenden Nervensägen wertvoll sein?

Kurze Zeit später hörte er im Radio eine kirchliche Sendung über den Generationenvertrag der Bibel. Darin ging es um die Verantwortung, die Gott der älteren Generation für die jüngere Generation übertragen hat und umgekehrt. Ein wechselseitiges Füreinander-Einstehen und Voneinander-Lernen. Nur so könne gesellschaftliches Miteinander gelingen. Helmut verstand, dass sich auch sein zweiter Wunsch erfüllt hat: wichtige Leute von A nach B bringen; das macht er! Er trägt die Verantwortung dafür, dass die nächste Generation pünktlich und sicher zur Schule und wieder nach Hause kommt und erfüllt damit seinen Teil des Generationenvertrags.

Sabine

Biorhythmus, Preispolitik und verschenktes Brot

Ihr Wecker klingelt um eins. Morgens. Eigentlich braucht sie ihn gar nicht mehr. Sabine ist es gewohnt vor allen anderen aufzustehen, um in der Backstube zu arbeiten. Auch montags, wenn die Bäckerei Ruhetag hat, steht sie so früh auf und putzt an ihrem freien Tag die Wohnung. Schlafen um diese Zeit geht nicht mehr. Ihr Körper hat sich an den Rhythmus gewöhnt. Die Kunden auch. Jeden Morgen liegen frische Brötchen und sieben Sorten Brot bereit. Dazu Kuchen und auf Vorbestellung auch Torten. Kurz bevor Sabine um sechs den Laden öffnet, bringt sie Marie zur Bushaltestelle. Natürlich weiß sie, dass die 9-Jährige inzwischen selbst den Weg zum Schulbus findet, aber als Mutter lässt sie es sich ja auch nicht nehmen, ihr die Schulbrote zu machen.

Montags kaufen die Leute im Backshop beim Supermarkt. Dort gibt es immer alles. Von 7 bis 22 Uhr. Was nicht verkauft wird, wird weggeschmissen. Sabine könnte das nicht. Bei ihnen wird noch selbst gebacken. Das ist ihr wichtig. Seit ihr der Vater vor drei Jahren die Bäckerei überschrieben hat, trägt die 41-Jährige auch die geschäftliche Verantwortung für den Handwerksbetrieb. Die Brötchen müssen nicht mehr nur schmecken, sondern sich auch rechnen.

In der Meisterschule hatte sie gelernt, dass nicht verkaufte Backwaren weggeworfen werden, um den Preis zu halten. »Auch Brot?«, wollte Sabine wissen. Die Logik ist klar. Und trotzdem ungerecht. Backwaren werden so preiswert verkauft, dass es billiger ist, sie wegzuwerfen, als teure Verkaufsfläche für preisreduzierte Waren zu verschwenden. »Und wenn ich sie verschenken würde?« Backwaren zu verschenken sei genaugenommen unlauterer Wettbewerb, hatte der Ausbilder geantwortet, aber ohnehin würde sie dafür im Geschäftsalltag keine Zeit haben. Sabine nimmt sich die Zeit. Es ist ihre Art von Luxus, den sie sich als Unternehmerin leisten will. Jeden Abend nach Ladenschluss fährt sie ihre Runde und schenkt, im wahrsten Sinne des Wortes, den Hungrigen ihr Brot.

Herr Müller

Offiziere zu Zeitungsjungen und das Mädchen mit der Blume

Zusteller gesucht, hatte in der Annonce gestanden. Das war vor zweieinhalb Jahren. Seitdem trägt der 64-Jährige jeden Morgen Zeitungen aus. An das Vorstellungsgespräch kann er sich noch gut erinnern. Sein Neunundvierzigstes. Ein kurzes Telefonat. Keine Fragen zu früher. Die interessierte nur, ob er Schwierigkeiten mit dem zeitigen Aufstehen hätte und ob auf ihn Verlass sei. »Jawoll«, hatte er instinktiv geantwortet, aber die Dame aus Hamburg wusste das nicht einzuordnen. Sie machte in der Tat nicht den Eindruck, als ob sie sich für seine Vergangenheit interessieren würde: »Herzlich willkommen im Team, Herr Müller!«

Das man heute Team sagt, wenn man Kollektiv meint, daran hat er sich gewöhnt. »Herr Müller« hingegen klingt noch immer fremd in seinen Ohren. Vertraut ist ihm »Oberleutnant« oder einfach nur »Müller«. Je nach Dienstgrad des anderen. Nach der Wende war damit Schluss. Wie es dazu kommen konnte, ist ihm bis heute ein Rätsel. Einige Kameraden von damals meinen, die Führung hätte von Anfang an härter gegen die Demonstranten vorgehen müssen. Er ist sich da nicht so sicher. Was willst du denn machen gegen Männer, Frauen und Kinder, die singen, beten und Kerzen anzünden? Er stand ihnen gegenüber, Auge in Auge. Zahn um Zahn funktioniert da nicht. Das Mädchen, das schweigend eine Blume in seinen Gewehrlauf gesteckt hatte, die Montagsgebete in der Nikolaikirche, er kann das nicht vergessen und ist dankbar, dass der Schießbefehl aus Berlin in Leipzig verweigert wurde.

»Schwerter zu Pflugscharen«. Wenn das auch bedeutet: »Offiziere zu Zeitungsjungen«, will er damit seinen Frieden schließen. Was er aus der Wendezeit mitgenommen hat, sind die politische Verantwortung des Einzelnen und die Stärke des christlichen Glaubens. Jeden Morgen, bevor er Zeitungen austeilt, nimmt er sich Zeit für die Presseschau. Er ist kritischer geworden. Nochmal würde er auf kein politisches System reinfallen. Beten, das schafft er nicht; aber er denkt an das Mädchen mit der Blume.

Mona

Erwartungshaltungen, Rollenbilder und das Recht, selbst zu entscheiden

Manchmal wird Mona gefragt, ob sie gern Lehrerin geworden wäre. Die 38-Jährige blickt über den Schulhof und lächelt. Sie sieht Malte und Elli, die auf das Klettergerüst steigen, Nina und Helene, die es sich zum Zöpfeflechten auf einer Decke bequem gemacht haben, und Jojo, der den Ball nach einem geschickten Pass von Enno sicher ins linke Eck platziert. Bald werden die ersten Kinder abgeholt und die Lehrer verabschieden sich für heute. Mona bleibt. Bei ihrem Notenschnitt wäre Lehramt sicher kein Problem gewesen, aber sie hatte sich nach dem Abitur bewusst für eine Ausbildung zur Erzieherin entschieden und damit gegen den Willen ihrer Eltern. Sie hätten sie gern als Lehrerin gesehen. Irgendwas Studiertes, was ihnen selbst in ihrer Jugend verwehrt geblieben war.

Paul wird abgeholt. Mona streicht dem 9-Jährigen über den Kopf und reicht ihm den Schulranzen: »Mach schnell Großer, dein Papa hat's eilig. Und mach dir keine Sorgen wegen Deutsch. Wir haben geübt. Du schaffst das!« Der kleine Mann hat's schwer. Nicht nur wegen Deutsch. Auch wegen der anderen. Die ihn nicht mitspielen lassen und ihn wegen seiner roten Haare hänseln. Mona weiß, wie er sich fühlt. Wissen wie es ist, anders zu sein, möglicherweise ist das ihre Passion.

Der Schulbus kommt, die ersten Buskinder müssen los. Mona verabschiedet sie einzeln und hat für jeden ihrer Schützlinge ein gutes Wort. Nein, sie möchte keine Lehrerin sein. Mehr noch als beibringen, und abfragen und bewerten, möchte sie Annehmen, Mut machen und Halt geben. Vielleicht weil es das ist, was sie in ihrem eigenen Leben jenseits vordefinierter Rollenbilder am meisten vermisst. Die Kinder wollen sich Mona gar nicht anders vorstellen. Nicht als Lehrerin und überhaupt. Sie wissen, was sie an ihrer Erzieherin haben, und sie wollen, dass das so bleibt.

Florian

Von der Wirkung des weißen Kittels und gestressten Halbgöttern

»Halbgötter in Weiß«, hatte der Professor gesagt, »für die Menschen, die zu Ihnen kommen werden, sind Sie das.« Florian hatte sich im Hörsaal umgedreht und in die ebenso jungen wie unerfahrenen Gesichter der anderen Medizinstudenten geschaut. Halbgötter, wir? Der Professor sollte recht behalten. Eine gefühlte Ewigkeit später fand sich Florian als Stationsarzt im hektischen Klinikalltag wieder und wusste um die Wirkung des weißen Kittels. Wenn er in T-Shirt und Turnschuhen sein Fahrrad vor der Klinik anschloss, nahm kaum jemand Notiz von ihm. Sobald er den Kittel anzog, war er … »Dr. Lehmann bitte in OP 2! Dr. Lehmann, bitte.«

Unzählige Male war Florian der Lautsprecherdurchsage gefolgt. Oft übermüdet von den Zusatzdiensten, meist mit Kopfschmerzen, nur selten wirklich ausgeschlafen, hatte er alles operiert, was der OP-Plan vorgab. Er ist dankbar, dass nicht mehr passiert ist, in dieser Zeit. Irgendwann konnte er nicht mehr. Florian hat einen Schlussstrich gezogen, ohne Vorwurf, ohne Anklage, und den Weg in die Selbstständigkeit gewagt. Seit fünf Jahren arbeitet er als Hausarzt mit eigener Praxis.

Der Kostendruck ist nicht weniger geworden. Aber nun entscheidet er, wie viel Zeit er sich für seine Patienten nehmen möchte. Vieles davon rechnet sich nicht. Wenn es nach den Kassen ginge, bliebe ihm auch in der eigenen Praxis kaum Zeit für das persönliche Gespräch mit seinen Patienten. Aber Florian ist das wichtig. Er möchte den Menschen, die in ihrer Not zu ihm kommen, zuhören können und sie bestmöglich behandeln. Als Halbgott kann und will er sich nicht sehen. Florian ist Christ und weiß, dass seine Kraft von Gott kommt. Allen Erfolg und jedes Versagen bringt er im Gebet vor ihn. Das hilft ihm, Mensch zu bleiben.

Jasmin

Waschen, Schneiden und Zuhören

»Nur Waschen und Schneiden, bitte. Föhnen würde ich gern selbst, Jasmin«. Die 24-Jährige nickt freundlich, lächelt und versucht sich den Ärger nicht anmerken zu lassen. Das Föhnen ist das Finish jeder guten Frisur. Damit kann man den besten Haarschnitt ruinieren. Nur dass am Ende keiner fragt, ob selbst geföhnt wurde. Es fällt immer auf sie zurück.

Jasmin lässt Wasser in das Haarwaschbecken laufen und überprüft mit dem Handrücken die Temperatur. Dann beginnt sie der Kundin behutsam die Haare zu brausen. Sie arbeitet gern als Friseurin. Manche sagen Friseuse, aber es heißt Friseurin. Darauf legt sie Wert. Nach der Ausbildung hatte ihr die Meisterin angeboten, sie zu übernehmen. Jasmin ist von hier und war gern geblieben. Viele Leute haben die Stadt verlassen. Aus ihrer Schulzeit ist kaum noch jemand da. Mit kreisenden Fingerbewegungen shampooniert sie Haare und Kopfhaut.

Manchmal überlegt Jasmin, wir ihr Leben aussehen würde, wenn sie auch gegangen wäre. Einige ihrer Klassenkameraden haben richtig Karriere gemacht. Dafür frisiert sie heute die Eltern ihrer früheren Mitschüler. Auch die Lehrer von damals kommen zu ihr in den Salon. Sie hört allen zu. Wie es ihr geht, interessiert niemanden.

Einmal im Monat kommt der Pfarrer zum Haareschneiden. Er ist der Einzige, der sich nach ihrem Befinden erkundigt. Anfangs hatte sie immer ein schlechtes Gewissen. Weil sie selbst kaum in die Kirche geht. Der Pfarrer schien sich nicht daran zu stören. »Wissen sie, Jasmin«, hatte der Pfarrer erklärt, »eigentlich sind wir Kollegen.« Jasmin stutzte. »Einer trage des anderen Last«, nennt das die Bibel und meint damit die Formel für gelingendes Miteinander. »Wir hören den Menschen zu und nehmen Anteil an Freud und Leid. Sie haben einen ganz wichtigen Beruf in dieser Stadt, Jasmin!« »Du auch, Herr Kollege!«, hatte sie geantwortet.

IV. Lebenslinien

Uwe

Der Rasentraktor, die Abseitsregel und die Bespielbarkeit des Platzes

Uwe ist erster Vorstand, Trainer der C-Jugend und Platzwart in einer Person. Der kleine Fußballverein muss sparen. Seit dieser Saison belegen sie unangefochten den letzten Tabellenplatz der Kreisliga. Montags wird nicht Fußball gespielt, sondern Rasen gemäht. Aus Klassenerhalt ist Platzerhalt geworden. Bahn für Bahn tuckert Uwe mit dem kleinen Rasentraktor über das Spielfeld. Vier Stunden braucht er dafür. Uwe hat Zeit.

Seit seiner Pensionierung vor zwei Jahren ist er noch öfter auf dem Platz. Fußball ist sein Leben. Der Fußball und die Familie. Auf einem Wald- und Wiesenturnier der Kirche hatte er seine Ulrike kennengelernt. Da waren sie siebzehn Als einziges Mädchen, war sie mit unbändigem Kampfgeist und hochgebundenem Rock gegen seine Mannschaft angetreten und hatte eine zweistellige Niederlage ihres Teams verhindert. Das hatte ihm imponiert. Seitdem hat er sie nicht mehr losgelassen.

Uwe ist am Vereinshaus angekommen und stoppt den Rasentraktor um Benzin aufzufüllen. Der Platz weckt unzählige Erinnerungen in ihm. Uwe sieht die Mannschaften vor sich, die er in all den Jahren trainiert hat. Er sieht sich mit anderen Ehrenamtlichen das Vereinsgebäude bauen, Drainage legen, die Flutlichtanlage installieren, Siege feiern und Niederlagen ertragen. Dazwischen immer wieder Bilder von seinen beiden Jungs, die auf dem Platz großgeworden sind und die all die Jahre hier gespielt haben. Und er sieht Ulrike, die Stullen schmiert und Getränke bereitstellt und den Jungs die Abseitsregel erklärt: »Ganz einfach«, hatte sie gesagt. »Achtet darauf, dass vor dem Spieler immer entweder der Ball oder zwei Gegner sein müssen.«

Er bewundert seine Frau für ihre Art, die Dinge auf den Punkt zu bringen, und für ihre Fähigkeit, Glauben zu können. Ulrike geht regelmäßig zum Gottesdienst. Manchmal, wenn keine Spiele sind, geht er mit. Ist Gott so eine Art Schiedsrichter, hatte er sie letztens gefragt. Ganz und gar nicht, hatte sie ihm zugelächelt: Gott ist derjenige, der die Bespielbarkeit des Platzes gewährleistet.

Katharina

Endlich Oma, drei Erstlingsausstattungen und Besuchszeit auf der Neugeborenenstation

Es ist ein Mädchen! Katharina ist seit 31 Stunden Oma und fühlt sich prima. Gestern durfte sie Salomé das erste Mal im Arm halten. Die halbe Nacht hat sie im Internet gestöbert und weitere Babysachen bestellt. Vor Aufregung konnte sie einfach nicht schlafen. Die kleine Maus ist 51 Zentimeter groß und brachte bei ihrer Geburt 3.520 Gramm auf die Waage. Sebastian kam damals auch zwei Wochen früher zur Welt. Er wog 3.780 Gramm und war 52 Zentimeter groß. Nicht zu fassen, dass das 36 Jahre her sein soll. Sie sieht sich noch in dem alten Wartburg mit Heiner am Steuer und Sebastian im Arm auf dem Weg aus der Klinik in ihr neues zu Hause. So glücklich war sie nie wieder.

Katharina packt einen Blumenstrauß, Zeitschriften, Joghurt und Fruchtsäfte in einen Korb, dazu zwei Paar Babyschuhe, drei Erstlingsausstattungen und einen Plüschteddy. Nach den beiden Großen waren sie mit dem Thema Kinder eigentlich durch. Sebastian war nicht geplant. Als sich der Nachzügler ankündigte, hatten sie das Grundstück gekauft. Alles für die Familie. Jede freie Minute hatten sie in den Umbau des Hauses gesteckt. Wenn Heiner nicht auf Arbeit war, hat er am Haus gearbeitet. Die Großen haben fleißig mitgeholfen. Urlaub hieß fortan Haus bauen. Dafür gab es einen Swimmingpool im Garten, ein Trampolin und später eine Trockensauna im Keller.

Kurze Zeit nachdem auch Sebastian zum Studium das Haus verlassen hatte, war sie auch gegangen. Sie hatten verlernt miteinander zu leben. Ohne Aufgabe. Sie hatte das Schweigen nicht ausgehalten. Seit sie allein lebt, macht sie vieles anders. Sie singt auch wieder im Kirchenchor. »Verleih uns Frieden gnädiglich, Herr Gott zu unsern Zeiten.« Wie sehr wünscht sie sich Frieden mit der eigenen Vergangenheit. Salomé bedeutet genau dies. Ab 14 Uhr ist Besuchszeit auf der Neugeborenenstation. Heiner hat versprochen auch da zu sein.

Wolfgang

Schwarz/weiß-Fotografien, Farbdias und ein Schnappschuss vom Nachbartisch

Wolfgang sitzt im Wohnzimmer und sortiert Erinnerungen. Thüringer Wald, Müritz, Prerow. Es war gar nicht so leicht und alles andere als selbstverständlich jedes Jahr einen Urlaubsplatz zu bekommen. Die Schwarz/weiß-Aufnahmen zeigen Monika und die Kinder beim Familienurlaub in den Bergen und am Strand. Dazwischen immer wieder Fotos von Kindergeburtstagen, Wochenendausflügen und Familienfeiern. Jedes einzelne Bild ruft unzählige weitere in ihm hervor. Kleinste Details an die er sich erinnert, als ob es erst gestern gewesen wäre. Er hört das Lachen der Kinder, spürt den Sonnenbrand und kann viele der Situationen rekonstruieren, in denen die Aufnahmen entstanden sind. Dazwischen Monate, Jahre, Lebensereignisse, an die er so gut wie gar keine Erinnerungen hat. Wo ist die Zeit geblieben?

Wolfgang legt die losen Fotos auf den Tisch und öffnet einen weiteren Karton. Mit der neuen Praktika Weihnachten 1982 war er auf Farbdias umgestiegen. Der 61-Jährige hält die Diarahmen gegen das Licht. Fantastischer Weißabgleich. Hohe

Tatra, Hiddensee, Elbsandsteingebirge, Balaton. Sommerurlaub in Ungarn, das war schon etwas ganz Besonderes. Damals.

Monika kommt ins Zimmer und öffnet die Balkontür. Ein plötzlicher Windstoß weht die Fotos vom Tisch. Hastig legt Wolfgang die Dias zurück in den Karton und sammelt die verstreuten Bilder vom Teppich. Nicht eine einzige dieser Aufnahmen möchte er verlieren. Zu wertvoll sind ihm die Erinnerungen an die gemeinsam erlebte Zeit. Sein Lieblingsbild zeigt die Familie an einem ganz gewöhnlichen Samstagnachmittag beim Eis essen in Leipzig. Quasi vor der Haustür. Ein Schnappschuss vom Nachbartisch. Damit mal alle auf dem Foto sind. Verwackelt und mit falscher Blende fotografiert. An einem Ort, für den man keinen Urlaubsschein braucht. Glück kann man nicht kaufen.

Ulrike

Morgennebel, die rote Irish-Setter-Hündin und andere Rituale

Der Sonnenaufgang schickt erste warme Strahlen durch das Unterholz. Ungeduldig wartet die rote Irish-Setter-Hündin darauf, dass Ulrike ihr die Leine abnimmt. Die kalte Frühlingsluft lässt den Atem kondensieren. Am Waldrand angekommen, gibt Ulrike dem Drängen nach und löst die Leine. Wie ein Pfeil jagt das Tier über die Wiese und verschwindet im Morgennebel. Ulrike bleibt noch einen Moment stehen, atmet tief ein, dann stapft sie hinterher.

Mit Asja am Morgen rauszugehen, ist ihr zu einem festen Ritual geworden. Nachdem die Kinder von zu Hause ausgezogen waren, war es so seltsam still. Nicht, dass es nichts mehr zu tun gegeben hätte, aber alles war so beliebig, so egal. Nach der Pensionierung hatten Uwe und sie erst wieder zueinander finden müssen. Das war nicht leicht und alles andere als selbstverständlich. Asja war da ein neuer und ganz wichtiger gemeinsamer Nenner. Früher war sie immer zu jedem Fußballspiel mit auf den Platz gegangen. Seit die Jungs nicht mehr hier spielen, geht sie nur noch selten mit. Ulrike bläst in die Hundepfeife. Asja taucht rechts von ihr aus dem Nebel auf und springt fröhlich auf sie zu.

Ein Ritual, das alle Lebensphasen überdauert hat, ist für sie der wöchentliche Gottesdienst. Als Kind war sie mit ihren Eltern mitgegangen, hatte die biblischen Geschichten kennengelernt und zum ersten Mal die Melodien und Liedzeilen gehört, die sie noch heute begleiten. Später fuhr sie auf christliche Jugendfreizeiten. Dort war ihr Uwe zum ersten Mal begegnet. Als Familie mit kleinen Kindern hatten sie an Einkehrtagen zu Ostern teilgenommen. Dabei hatte sie den Gottesdienst immer als ein bewusstes Eintauchen in die Gegenwart Gottes erlebt. Ihr wöchentliches Auftanken und Atemholen, aus dem sie Kraft für den Alltag schöpft.

Heiner

Großes Haus, großgewordene Kinder und getrennte Großeltern

Das Klingeln des Telefons reißt ihn aus dem Nachtschlaf. »Das Baby ist da. Es ist ein Mädchen. Du bist Opa geworden. Zimmer 301. Bis gleich!« »Bis gleich«, hört er sich antworten und, »Wird Mama auch da sein?« Heiner reibt sich die Augen und tappt ins Badezimmer. Die Fußbodenheizung ist auf vier Uhr programmiert. Den kalten Fliesen nach zu urteilen, ist sie erst vor Kurzem angesprungen. Er hat das Haus von Grund auf saniert. Sieben Zimmer, vollunterkellert. Es sollte der Familie an nichts fehlen. Dafür hat er ein Leben lang gearbeitet. Jede freie Minute hatte er ins Haus gesteckt.

Heiner läuft an den Kinderzimmern vorbei, die Treppe hinunter und setzt Kaffee an. Irgendwie hatte er sich diese Zeit immer anders vorgestellt. Entspannter, erfüllter, zufriedener. Auf jeden Fall anders. Wenn mal alles fertig ist. Wenn er mal nicht mehr so viel arbeiten muss. Wenn die Kinder etwas größer sind. Inzwischen sind die Kinder groß. Heiner ist pensioniert. Katharina hat ihn verlassen. Haus und Grundstück sind in einem top Zustand. Doch, er genießt die Ruhe. Auch, dass er auf niemanden Rücksicht nehmen muss. Frieden empfindet er nicht.

Heiner startet den Wagen und fährt durch das sich öffnende Garagentor. Durch den Rückspiegel beobachtet er wenig später, wie sich die Hofeinfahrt hinter ihm schließt.

Diese Strecke zum Krankenhaus ist er vor 36 Jahren schon einmal gefahren. In umgekehrter Richtung. Damals war das Haus neu und das Auto alt. Katharina saß neben ihm und hielt den Jungen im Arm, der Heiner heute Morgen aus dem Bett geklingelt hatte. Er freut sich darauf seine Familie in wenigen Minuten wiederzusehen. Seiner Enkeltochter wünscht er, dass ihre Eltern besser aufeinander achtgeben, als es die Großeltern getan haben. Gleich morgen wird er im Garten einen Spielplatz für sie bauen.

Ute

Ein Foto, eine Entscheidung und 29 Jahre später

Das kleine Foto in ihrer Hand ist abgegriffen und vergilbt. So als ob es oft aus dem Portemonnaie herausgenommen worden ist. Der Junge auf dem Foto ist keine sechs Jahre alt. Fünfeinhalb, so alt war er damals, als Ute ihn verlassen hat. Ihn, ihren Mann und die elfjährige Tochter. Von hier auf jetzt, einfach so, einfach weg. Ohne Vorankündigung, ohne Abschiedsbrief. Am Abend hatte sie angerufen, dass sie nicht nach ihr suchen sollen, und um »Lebwohl« zu sagen. Sie wollte frei sein, nochmal jung sein, mit ihren 36 Jahren.

Sie fühlte sich gefangen. Eingeengt, in der ihr zugewiesenen Rolle. Deshalb war sie ausgebrochen und hatte sich all das genommen, was sie zu vermissen glaubte. Heute lebt sie mit einem anderen Mann in einer anderen Stadt, wieder in einer festen Beziehung. Freiwillige Einschränkung der persönlichen Freiheit. Schulterzucken auf die Frage, ob sie glücklich ist.

Es gibt noch ein Foto. Sie, mit einem kleinen Jungen, der seinen vierten Geburtstag feiert. Es ist genauso abgegriffen und vergilbt wie ihr Foto. So, als ob oft mit der Hand darüber gestrichen worden ist. Es steckt in der Brieftasche des Geburtstagskindes, dass heute 29 Jahre alt wird. Seine Mutter, das ist in seiner Erinnerung die Frau auf dem Foto. Er wird nie begreifen können, warum sie ihn alleingelassen hat, und sie wird sich zeitlebens fragen, ob es das wert gewesen ist.

Erwin

Alleinsein, Erinnerungen und Zeit für die Enkelkinder

Erwin lebt so vor sich hin, geht zum Bäcker, geht zum Fleischer. Jeden Dienstag trifft er sich mit zwei anderen zum Skat. Einmal im Monat geht er zur Bank, um die Rente abzuholen und die Rechnungen zu überweisen, alle zwei Monate zum Friseur. Dazwischen Arztbesuche und Kreuzworträtsel.

Nein, viel erwartet er nicht mehr vom Leben. Vielleicht hätte er sich mehr Zeit lassen sollen, mit dem noch mal Heiraten. Aber die Einsamkeit hatte ihm zu schaffen gemacht. Das war das Schlimmste gewesen, damals, so unmittelbar nachdem seine erste Frau gestorben war. Die leere Wohnung. Die unheimliche Stille.

Die Kinder haben es nicht verstanden. Natürlich haben es die Kinder nicht verstanden. Sie verstehen nie etwas und wissen grundsätzlich immer alles besser. Er ist eben der Opa. Und das nicht nur in den Augen der Enkelkinder.

In gestochen scharfen Bildern sieht er die Jahre seiner eigenen Kindheit und Jugend vor sich. Es kommt ihm wie gestern vor, dass er seine eigenen Kinder als Neugeborene in den Armen gehalten hat. Nur zu gut erinnert er sich an die ersten Gehversuche der Kleinen, die ihm heute die Welt erklären und inzwischen eigene Kinder haben.

Mit den Enkeln versteht er sich prima. Er weiß, wann sie Geburtstag haben, kennt ihre Hobbys und weiß, wovon sie träumen. Und sie wissen, dass sie bei ihm jederzeit willkommen sind und dass er immer Zeit für sie hat.

Monika

Kassettenrekorder, Sockenbügeln und die Nachttischlampe im Kinderzimmer

Morgensonne strahlt durch das Fenster. Monika steht im Kinderzimmer und bügelt Socken. Sie ist gern hier. Die Betten, das Regal mit den Kinderbüchern, die Sitzecke, der Lego-Sack. Die Schreibtische haben sie mitgenommen. Seit die Kinder nicht mehr zu Hause wohnen, ist das Kinderzimmer ihr Bügelraum. Wolfgang hat ihr den alten Kassettenrekorder noch einmal repariert. Manchmal hört sie darauf die alten Hörspielkassetten der Kinder. Dann ist es, als wären sie noch hier.

Zischend gleitet das Dampfbügeleisen über die Wäschestücke. Unzählige Erinnerungen verbindet sie mit diesem Zimmer. Sie sieht die Jungs bei den Hausaufgaben, aufgeklappte Schulranzen und nicht aufgegessene Pausenbrote, riecht Sportbeutel mit verschwitzten Trikots und ärgert sich über Fußballschuhe unter der Heizung. Sie hört sich über die Unordnung schimpfen und dass sie endlich den Computer ausmachen sollen, sieht sich Klassenarbeiten unterschreiben und Vokabeln abhören.

Der Tank ist leer. Monika lässt das Bügeleisen abkühlen und füllt Wasser nach. Nein, es war nicht immer schön. Oft fühlte sie sich überfordert und am Ende ihrer Kräfte. Zeit und Platz waren in der kleinen Wohnung immer knapp. Unvorstellbar, dass sie nur wenige Jahre später mutterseelenallein in genau diesem Zimmer stehen und Socken bügeln würde. Socken!

Die Nachtischlampe erinnert sie an ihr Einschlafritual. Wie auch immer der Tag gewesen war, jeden Abend hatten sie die Kinder gemeinsam ins Bett gebracht und als ganze Familie miteinander gebetet. Gutes und Schlechtes hatten sie so am Ende jedes Tages vor Gott gebracht und darin Ruhe für die Nacht und Kraft für den neuen Tag gefunden.

Tarek

Frau Lehmann, die 3a und das gute Gefühl, angekommen zu sein

Tarek ist neu. Bevor der 8-Jährige in die 3a von Frau Lehmann kam, hatte er sich nie groß Gedanken über die Bedeutung seines Namens gemacht. Jungs in seinem Alter haben echt andere Interessen. Seine Eltern haben ihm diesen Namen gegeben. Andere Kinder in seinem Alter hießen auch so. Es hätte wirklich schlimmer kommen.

Es kam schlimmer. Als die Situation in Syrien immer gefährlicher wurde, mussten sie ihre Heimat innerhalb weniger Stunden verlassen. Mehr als 4.000 Kilometer. Erst mit dem Bus, dann mit einem alten Lastwagen auf offener Pritsche, schließlich in einem überfüllten Boot. Weite Strecken ihrer Flucht mussten sie zu Fuß zurücklegen. Manches will er einfach nur vergessen. Das Wenige, was sie an Gepäck mitnehmen konnten, blieb auf der Strecke.

Seit fünf Monaten sind sie in Deutschland. Hier ist alles anders. In seiner neuen Klasse heißt niemand Tarek. Wenn die Klasse bei Lehrern Unterricht hat, die sie noch nicht kennen, werden die Namen aus dem Klassenbuch vorgelesen und die Schüler müssen sich melden. Wenn Tareks Name vorgelesen wird, schaut jeder Lehrer zielsicher auf ihn. So heißt sonst niemand.

Letzten Donnerstag war Probealarm. Mitten im Unterricht von Frau Lehmann ging die Sirene auf dem Dach der Grundschule los. Tarek hatte sich instinktiv auf den Boden des Klassenzimmers geworfen und die Hände schützend über seinem Kopf gefaltet. Frau Lehmann ist toll. Sie war zu ihm gekommen, hatte sich neben ihm auf den Boden gekniet und ihre Hand auf seine Schulter gelegt: »Alles gut, Tarek, du bist in Sicherheit!«

Tarek ist angekommen. Sein Name bedeutet: der an die Tür klopft. Er ist dankbar, dass ihm Frau Lehmann und die 3a geöffnet haben.

V. Tapetenwechsel

Katrin

Ablösen und Grundieren statt Zupflastern und Drüberschminken

Aller Anfang ist schwer. Dabei hatte sie sich diesen Neuanfang wirklich von Herzen gewünscht. Katrin steht im Wohnzimmer ihrer neuen Altbauwohnung und tapeziert. Mit Zollstock und Bleistift überträgt sie die Längenmaße auf die ausgerollte Raufasertapete und markiert die Schnittkanten. Keinen Tag länger hätte sie in der alten Stadt bleiben wollen. Zu tief sitzt der Schmerz. Die alte Wohnung aufzugeben, war ihr trotz allem schwergefallen. Sorgfältig schneidet Katrin mit der Tapezierschere entlang der markierten Schnittkante und kürzt die Raufaserrolle um eine weitere Bahnlänge. Nicht nur Möbel, sondern auch alte Schuhe und viele Kleidungsstücke hatte sie zurückgelassen. Die vom neuen Telefonanbieter kostenlos angebotene Rufnummernmitnahme hatte sie abgelehnt.

Katrin legt die Tapezierschere beiseite und greift zum Quast. Schwungvoll streicht sie die zugeschnittenen Bahnen mit Tapetenkleister ein. Fertige Bahnen faltet sie übereinander und legt sie zum Einweichen auf einen Stapel. Warum sie sich denn diese Mühe mache, hatte der Nachbar von gegenüber gefragt: Alte Tapete ablösen, Wände spachteln und grundieren, neu tapezieren, um dann ja doch zu streichen? Einfach gleich drüber malern und fertig!

Katrin steigt auf die Leiter. Vorsichtig entfaltet sie eine der eingeweichten Raufaserbahnen und klebt sie lotrecht an die vorbereitete Wand. Mit der Tapezierbürste streicht sie die Tapete fest. Luftblasen werden weggebürstet. Es ist ihr ganz wichtig, nicht einfach nur drüber zu malern. Mit der neuen Wohnung in der neuen Stadt sollte es auch ein echter Tapetenwechsel auf sauberem Grund sein. Gott lässt Wunden heilen, wenn sie gereinigt wurden. Zupflastern und Drüberschminken machen es nicht wirklich besser. Sobald die neuen Tapetenbahnen getrocknet sind, wird Katrin das Zimmer mit frischer Farbe weißen. Gleich morgen. Spätestens übermorgen. Sie freut sich darauf.

Veit

Falsche Versprechungen, Schmutz, Schaumreste und Hochdruckreiniger

Selbst waschen ist billiger. Veit fährt seinen alten Mondeo in die SB-Box der Tankstelle, zieht die Handbremse an und kontrolliert die Fenster. Früher hatte er seine Autos immer unter freiem Himmel gewaschen. Sein erstes, einen 353er Wartburg, später dann einen Moskvich 412 und schließlich einen 1600er Lada. Handwäsche mit Fit und Eimer und Lappen. Und Cekalon mit Zeitungspapier für die Scheiben. Sonntagvormittag an der Elbe. Und natürlich ein Radeberger gegen den Durst.

Veit nimmt die Sprühpistole, wirft einen Euro in den Waschautomaten und beginnt mit der Vorwäsche. Früher war vieles besser als heute. Nicht alles, aber ohne das nötige Kleingeld ist eben alles Mist. Was nützen die schönsten Autos, wenn man sie sich doch nicht leisten kann, oder was hilft es, überall hin in den Urlaub reisen zu können und es doch nicht zu können. Zwei Euro später ist Veit mit der Schaumbürste am Nummernschild angekommen. DD gefällt ihm gut. Ein Kennzeichen, das inzwischen auch im Westen bekannt und respektiert ist. Wir sind viele. Die Zuordnung gibt

Identität und Sicherheit. Werte, die er zunehmend in Gefahr sieht. Von der Politik fühlt er sich darin weder vertreten noch verstanden. Der Lügenpresse traut er schon lange nicht mehr. Auch gestern war er wieder zur Demonstration auf dem Theaterplatz. So viele sind es gar nicht mehr.

Der Schaum ist aufgebraucht. Veit will keinen weiteren Euro für die Schaumwäsche investieren und schrubbt die Felgen mit den Schaumresten, die vom Auto herunterlaufen. Anfangs hatten ihn die Abendspaziergänge an die Montagsgebete zur Zeit der friedlichen Demonstration erinnert. Aber hier wird nicht gebetet. Trotz Kreuzen und »Wir sind das Volk«-Rufen. Hier wird gehetzt und verleumdet, bedroht und geprügelt. Das will er nicht. Veit wechselt von der Schaumbürste zum Hochdruckreiniger. Mit klarem Wasser spült er Schmutz und Schaum von seinem alten Mondeo. Es sind weniger geworden bei den Demonstrationen auf dem Theaterplatz. Er wird auch nicht mehr hingehen.

Fé

Neue Schule, neue Klasse und eine neue Freundin

Das einzig Vertraute an der neuen Schule ist das Pausenklingeln. Neuer Schulweg, neue sechste Klasse, neue Lehrer, neue Schulbücher, unzählige neue Gesichter und ein neues Schulgebäude, in dem selbst das vertraute Pausenklingeln anders klingt. Fé schultert ihren Rucksack, lässt die Wohnungstür des neuen Einfamilienhauses hinter sich ins Schloss fallen und trottet zum dritten Mal in diesem Halbjahr in die neue Schule.

Danke, Eltern, vielen Dank! Weihnachten feiern wir im neuen Haus. Ganz großes Kino! – Dass damit auch ein Schulwechsel zum Halbjahr der sechste Klasse und nasskaltes Januarwetter einhergehen, wird Fé erst jetzt so richtig bewusst. Klar, vieles ist richtig gut. Manches ist sogar echt besser als vorher. Sie mag den Kamin. Aber Fé hätte nie gedacht, dass sie die alte Wohnung, ihre Klassenkameraden und sogar einige der alten Lehrer mal vermissen würde. Hier wird sie von allen Felicitas genannt, weil das so im Klassenbuch steht und weil der neue Klassenlehrer sie so vorgestellt hat. Daran wird sie sich nie gewöhnen.

Fé ist auf ihrem neuen Schulweg an einer Straßenkreuzung angekommen und versucht sich zu orientieren: Hier schon abbiegen oder erst eine später? Wenn sie sich doch bloß erinnern könnte. Lilly würde wissen, wo lang. Mit ihr war immer alles ganz leicht gewesen: mutig sein, Lachen, Pyjamapartys, für Klassenarbeiten beten. Fé vermisst ihre beste Freundin sehr. Beim Abschied hatten sich die Mädchen vorgenommen, nicht zu weinen. Und Lilly hatte Fé, die selbst ja nur in absoluten Notfällen betet, versprechen müssen, dass sie jeden Abend für sie beten würde.

Fé steht noch immer verunsichert und unentschlossen an der Straßenkreuzung. Da hört sie plötzlich ihren Namen. Ein Mädchen aus ihrer neuen Klasse ist auf der anderen Straßenseite stehengeblieben und winkt ihr fröhlich zu. Fé dreht sich vorsichtshalber noch einmal. Hatte sie wirklich »Fé« gerufen? Dann winkt sie freudig zurück. Sie ist angekommen.

Rainer

Die letzte Zigarette, Schmachtattacken und die neu gewonnene Freiheit

Silvester war Stichtag. 365 Tage zuvor hatte sich Rainer seine letzte Zigarette angezündet und durchgehalten. Und nein, der Entzug war alles andere als leicht. Nur gut, dass er gleich zu Beginn alle Schachteln samt Feuerzeugen entsorgt hatte. Noch heute ertappt er sich dabei, wie er intuitiv in die leere Jackentasche greift. Am Anfang schien alles ganz leicht. Schon nach nur drei Tagen hatte er den Eindruck, Speisen und Gerüche intensiver wahrzunehmen. Was er aß, schmeckte wieder und duftete vorzüglich. Das ließ sich aushalten. Das Schlimmste waren die Kopfschmerzen. Dazu plötzliches Herzrasen, Heißhungerattacken und kalte Schweißausbrüche in unkontrollierbarer Abfolge. Rainer erinnert sich, in dieser Zeit sehr launisch und überaus leicht reizbar gewesen zu sein. Aber er wollte unbedingt durchhalten.

Nach wenigen Wochen hatte er das Gefühl, besser Luft zu bekommen und freier atmen zu können. Er konnte wieder Treppensteigen ohne kurzatmig zu werden. Auch die Hustenanfälle wurden weniger. Seine chronische Frühjahrserkältung blieb aus. Geblieben sind die völlig ungesteuert auftretenden Schmachtattacken, in denen er noch immer sehr aufpassen muss, um nicht rückfällig zu werden. Sein Körper wird noch Jahre bis zu einer annähernd vollständigen Regeneration brauchen. Trotzdem möchte Rainer die neu gewonnene Freiheit nicht mehr missen.

Was ihm hilft, dranzubleiben, ist seine bewusste Entscheidung zu einer generell gesünderen Lebensweise und ein neuer Zugang zur Musik. Rainer achtet auf fettarme Ernährung und ausreichend Schlaf, geht einmal wöchentlich Schwimmen und läuft regelmäßig. Während das Radio früher nebenbei und bestenfalls zur Ablenkung lief, hört Rainer Musik heute sehr ausgewählt und dafür umso bewusster. Auf sich zu achten, so fühlt er, ist er sich selbst und seinem Schöpfer schuldig.

Babybauch, Vorfreude und ein Tauftext

Wir bekommen ein Baby! Juliane kann sich noch ganz genau an den Tag ihres Schwangerschaftstests erinnern. Es war an einem Freitag, unmittelbar vorm Wochenende und die Sonne schien. Ihr Herz schien für einen Moment auszusetzen, um dann zwei Sprünge auf einmal zu machen. So überglücklich war sie, als die beiden Striche in der Anzeige des Schnelltests erschienen.

»Wir sind schwanger!«, hatte sie geflüstert und Daniel hatte sie umarmt und geküsst und »Wir bekommen ein Baby!« geantwortet. Ihr Bauch hatte sich erst gar nicht und dann immer stärker gewölbt. Inzwischen ist Juliane im siebten Monat. Die junge Frau genießt ihre Schwangerschaft und Daniel bemüht sich, ihr jeden Wunsch von den Augen abzulesen. Nicht nur ihre Lieblingsjeans, nein, keine ihrer Hosen passt mehr und das ist völlig in Ordnung.

Juliane und Daniel haben ein Kinderzimmer eingerichtet und neue Vorhänge angebracht, eine Wickelkommode aufgebaut und ein Babybett hineingestellt. Durch den wöchentlichen Kurs bei der Hebamme fühlen sie sich optimal auf die Geburt vorbereitet. Das Baby kann kommen. Sie sind soweit.

Ob sie auch Angst vor der Verantwortung habe, ein Kind zu erziehen, hatte Daniel sie gestern gefragt. »Nicht nur davor«, hatte Juliane geantwortet. »Aber die Vorfreude überwiegt.« Sie freut sich darauf, ihr Kind ins Leben zu begleiten. Es lieben und lehren zu dürfen. Mit ihm lachen und weinen zu können. Ihm Wurzeln und Flügel zu geben. Zu fördern und zu fordern. Zu motivieren und zu trösten. Ihr Taufspruch ist ihr darin zum Maßstab geworden. Gott sagt: »Ich will euch trösten, wie einen seine Mutter tröstet.« (Jesaja 66,13a)

Tobias

Ararat, Lavagestein und der Weg zurück in Leben

Wenn Tobias den rauen Vulkanstein zur Hand nimmt, ist es, als wäre er wieder am Berg. Kein Stein vom schneebedeckten Gipfel. Ein Lavasplitter vom Aufstieg, über eines der schier unendlich scheinenden Geröllfelder des Ararat-Gebirges. Der Weg ist das Ziel. Lange hatte er mit sich gerungen, ob er die Ararat-Expedition allein antreten sollte. Marcos Tod hatte ihn über Monate völlig aus der Bahn geworfen. Unfall mit Fahrerflucht. Wieso überlebt einer Afghanistan, um dann hier auf einer Bundesstraße über den Haufen gefahren zu werden?

Wochenlang hatten sie sich auf die Besteigung des Ararat vorbereitet, Landkarten studiert, Reiseanbieter verglichen, Packlisten geschrieben und Ausdauer trainiert. Nichts davon war umsonst. Nur die Idee selbst war mit Marco gestorben. »Leben ist von Gott auf Zeit verliehenes Gut«, hatte Marco einmal gesagt. »Das eigene, wie das der Menschen, mit denen wir einen Teil unseres Weges gemeinsam gehen dürfen.« – Wenn das stimmte, musste sich Tobias auf den Weg machen und die 5.165 Höhenmeter des Ararat überwinden. Für Marco.

Bis zum Basislager auf 3.200 Metern schien der Aufstieg für Tobias und die anderen Expeditionsteilnehmer ein Kinderspiel zu sein: Von da an windet sich der steile Pfad über weitere 900 Höhenmeter Lavageröll bis ins Hochlager. Scharfer Wind rüttelt unablässig an den Zelten. An Schlaf ist kaum zu denken. Aufbruch zwei Stunden nach Mitternacht. Mit Stirnlampen und Teleskopstöcken arbeitet sich die Gruppe in steilen Serpentinen über Stunden durch Kälte und Dunkelheit den Hang hinauf. Die Zunge klebt am Gaumen.
Ab 4.900 Höhenmetern geht ohne Steigeisen nichts mehr. Dann endlich, ein erster Sonnenstrahl. Der schneebedeckte Gipfel erscheint in freundlichem Licht.

Der Ararat ist der Inbegriff für allen Neuanfang. Hier hatte Gott, der Überlieferung nach, neu mit den Menschen begonnen. Hier hat Tobias neu zu Gott gefunden. Der Weg vom Gipfel des Ararat zurück in die Zivilisation war sein ganz persönlicher Weg zurück ins Leben. Marco hätte es so gewollt.

VI. Kinderwelten

Marie

Wie es wäre, eine Prinzessin zu sein, und warum Oma im Himmel Akkordeon spielt

Wenn Marie nicht zur Schule müsste, wäre sie eine Prinzessin mit langen blonden Haaren. Sie würde in einem großen Schloss wohnen, mit einem eigenen Zimmer und Luise wäre ihre Kammerzofe. Luise müsste ihr dann immer die Haare machen, das Zimmer aufräumen und Kinderbücher vorlesen.

Mit dem Selberlesen klappt es noch nicht so richtig. Papa sagt immer, dass das noch wird, aber er war es auch, der unbedingt wollte, dass Marie schon mit fünf eingeschult wird. Mama war dagegen. Viel spannender war es im Kindergarten auch nicht, aber da musste sie auch noch nicht lesen können, und schreiben, und rechnen und immer aufpassen.

Rechnen geht gar nicht. Als Frau Müller letztens wissen wollte, was rauskommt, wenn man drei Bananen und zwei Apfelsinen addiert, hatte sich Marie gemeldet. »Obstsalat!«, aber das war irgendwie falsch. Aufs Schreiben, freut sie sich schon sehr. Dann wird sie alle Geschichten aufschreiben. Marie fallen ständig neue ein. Bis dahin malt sie alles. Auf ihrer Seite des Kinderzimmers hängen unzählige Bilder, die sie alle selbst gemalt hat, und überall liegen ihre Buntstifte rum. Luise regt sich darüber immer auf, aber das ist Marie egal. Mama hat es ihr erlaubt und dagegen kann Luise gar nichts machen.

Auf einem Bild ist Oma zu sehen. Mit ihren weißen Haaren und ihrer blauen Kittelschürze. Sie hat die dunkelgrünen Pantoffeln an und Flügel und sitzt mit ihrem roten Akkordeon auf einer Wolke. Über den Wolken scheint die Sonne. Unten regnet es. Dazwischen hat Marie einen Regenbogen gemalt.

Luise meint, dass Engel nicht Akkordeon spielen. Engel spielen Harfe. Aber wie bitteschön soll Oma denn so schnell Harfe spielen lernen? Oma hat immer Akkordeon gespielt und daran wird sich in der einen Woche, die sie jetzt im Himmel ist, ja wohl kaum etwas geändert haben. Wenn Marie die Augen schließt, kann sie Oma spielen hören.

Niklas

Schlimme Dienstage und der beste Opa der Welt

Dienstag ist immer ganz schlimm. Dienstag ist Sport. Die anderen sind immer schneller als er. Und viel geschickter. Wenn ihm mal jemand einen Ball zuspielt, schafft er es nie, den richtig anzunehmen. Oder Geräteturnen. Wie soll man so eine glatte Kletterstange raufkommen? Vier Meter ist die hoch! Und runter muss man ja dann auch wieder irgendwie. Aber das ist noch nicht das Schlimmste am Dienstag. Nach ihnen haben immer die aus der Vierten Sport. Er, Niklas, ist immer der letzte Zweitklässler, der umgezogen ist. Wenn sie ihn nicht vor der Turnhalle abfangen, kriegen sie ihn im Umkleideraum. Dann gibt's Kloppe. Die sind nicht nur viel mehr, die sind auch viel stärker. Wenn er petzt, machen sie ihn fertig.

Niklas hätte auch gern Freunde, aber die Jungs aus seiner Klasse lassen ihn nicht mitspielen und die Mädchen lachen ihn aus. Er ist zu langsam und zu ungeschickt und er hat die falschen Klamotten an. Wahrscheinlich haben sie recht. Mit ihm gesehen zu werden ist einfach nur peinlich. Neulich hat er beobachtet, wie zwei aus der Vierten Pässe trainiert haben. Immer wieder haben sie sich den Ball zugepasst, bis einer von ihnen dann kurz vorm Elfer verwandelt hat. So einen Freund hätte Niklas auch gern. Vielleicht könnte er dann auch Fußball spielen. Aber Niklas hat keine Freunde. Nicht einen einzigen. Dabei sind sie damals alle gemeinsam eingeschult worden.

Wenn Niklas gar nicht mehr weiterweiß, geht er zu seinem Opa. Opa hat immer Zeit für ihn. Dass Opa nicht mehr der Schnellste ist und bestimmt auch keinen Ball annehmen kann, findet Niklas sehr sympathisch. Opa kann tolle Geschichten erzählen und hat unheimlich viel erlebt. Auch Schlimmes. Niklas hat ihn sehr lieb. Opa sagt, dass er die schweren Zeiten in seinem Leben nur mit Gottes Hilfe geschafft hat. Weil Niklas sich nicht sicher war, ob ihm das weiterhilft, hat er Opa gefragt, wie das gehen soll, und Opa hat ihm erklärt, dass man mit allen Problemen zu Gott kommen kann. »Ganz egal, was es ist?«, wollte Niklas wissen. »Mit allem!«, hatte Opa bestätigt.

Luise

Die kleine Schwester, die große Liebe und die allerbeste Freundin

Luise findet es oberpeinlich, dass ihre kleine Schwester jetzt auch in der Schule ist. Zum Glück geht sie selbst schon in die Dritte, aber in der Pause sehen sich alle Klassen auf dem Schulhof. Die aus der Vierten stehen meistens an der Tischtennisplatte. Marie ist in der 1b und steht meistens bei Luise. Wie soll Luise denn da einen von den Viertklässlern kennenlernen oder sich ungestört mit ihren Freundinnen unterhalten? So eine kleine Schwester kann ganz schön nerven. Mama sagt immer, dass sich Luise um ihre kleine Schwester kümmern soll. Klar, Mama ist ja selbst die Jüngere und ist Tante Sabine damals bestimmt genauso auf den Keks gegangen, wie Marie heute ihr.

Seit einem halben Jahr gibt es einen neuen Viertklässler an der Schule. Er heißt Friedrich und ist aus einer anderen Stadt hier hergezogen. Er kann gut Fußball spielen und hat schnell Freunde gefunden. Luise hat das alles herausgefunden. Dass er der mit Abstand süßeste Junge der ganzen Schule ist, muss man nicht recherchieren. Das sieht man sofort. Luise ist bis über beide Ohren in ihn verliebt. Wenn er doch nur auf sie aufmerksam werden würde. Was würde sie dafür geben, sich mit Friedrich unterhalten zu können. Oma hat ihr geraten, ihm zunächst einfach nur freundlich zuzulächeln. In der nächsten Woche würden sie einen neuen Plan schmieden.

Kurz darauf war Oma gestorben. Wenn Luise daran denkt, schießen ihr wieder Tränen in die Augen. Oma war ihre allerbeste Freundin und Luise fühlt sich schrecklich allein. Mit Oma konnte sie immer alles besprechen. Manchmal hat ihr Oma auf ihrem roten Akkordeon vorgespielt. Solange sie denken kann, war Oma da. Auch wenn sie krank war und nicht in die Schule gehen konnte. Oma hatte immer Zeit für sie und Oma hat ihr immer zugehört. Marie glaubt, dass Oma jetzt bei Gott ist. Sie hat ein Bild davon gemalt. Oma im Himmel, mit ihrem roten Akkordeon. Luise gefällt das Bild sehr gut. Gesagt hat sie das natürlich nicht. Marie hat es ihr trotzdem geschenkt.

Moritz

Alberne Mädchen, streitende Eltern und ein dicker Zweitklässler

Wenn es etwas gibt, das Moritz überhaupt nicht leiden kann, dann sind das Mädchen. Moritz ist elf Jahre alt und geht in die 4a. Neun Jungs und dreizehn Mädchen sind sie in der Klasse von Frau Herrmann, und bis vor den Ferien war noch alles in Ordnung. Da waren sich alle Jungs einig, dass Mädchen doof sind und in den Pausen haben sie immer Fußball gespielt. Seit die Ferien vorbei sind, ist nichts mehr, wie es war. Die Mädchen wollen jetzt immer, dass die Jungs mit ihnen Fangen spielen, und einigen Jungs scheint das auch noch zu gefallen. Moritz findet das blöd. Mit wem soll er denn jetzt Pässe üben, wenn Friedrich immer mit dieser Luise rumalbert?

Mama hat ihm erklärt, dass es etwas sehr Schönes sei, wenn Jungs und Mädchen sich gut verstehen und Freunde sind. Komisch nur dass sich Mama und Papa in letzter Zeit überhaupt nicht mehr verstehen. Wegen jeder Kleinigkeit streiten sie sich. Seit Papa seinen Arbeitsplatz verloren hat, ist er immer zu Hause. Meistens hat er schlechte Laune. Das war früher anders. Da war er immer müde, wenn er von Arbeit nach Hause kam. Moritz findet müde sein besser als schlechte Laune haben. Meistens hören die Eltern erst auf zu streiten, wenn Mama weint. Moritz bemüht sich dann immer ganz lieb zu Mama zu sein und ihr jeden Wunsch von den Augen abzulesen. Er will nicht, dass sie traurig ist.

Letzten Mittwoch war Moritz dabei, als die Jungs aus seiner Klasse einen Zweitklässler verprügelt haben. Vor der Turnhalle. Das machen die jede Woche. Einfach so. Ganz ohne Grund. Diesmal hat Moritz mitgemacht. Warum weiß er selbst nicht so genau. Er war so wütend, obwohl er den kleinen dicken Jungen gar nicht kannte. Wenn Mama davon wüsste, wäre sie bestimmt traurig über ihn. Im Religionsunterricht haben sie das Gleichnis vom barmherzigen Samariter gehört, der einem Mann geholfen hatte, der von anderen verprügelt worden war. Moritz musste sofort an den kleinen Zweitklässler denken. Eigentlich wäre es seine Aufgabe gewesen, ihm zu helfen. Mama hätte das bestimmt so gemacht.

Vanessa

Die Anderen und der Wunsch dazuzugehören

Wenn Vanessa die anderen Kinder in der 1b sieht, ist sie oft traurig. Morgens kommt sie immer mit dem Bus zur Schule. Abends ist sie die Letzte, die abgeholt wird. Der Schulbus ist da schon lange weg. Mama will nicht, dass Vanessa allein zu Hause ist. Weil sie immer so lange arbeitet, muss Vanessa bis zum Schluss im Schulhort warten. Der Vater lebt mit einer anderen Frau in Berlin. Vanessa war schon mal da. An einem Wochenende im November. Willkommen hatte sie sich nicht gefühlt. Ihr Vater und die andere Frau hatten ihr damals ihre Stiefschwester vorgestellt. Ein Baby. Vanessa hatte sich immer eine ältere Schwester gewünscht. Oder einen großen Bruder. Dann wären sie schon ein bisschen mehr eine richtige Familie. Ihr Vater hat alles kaputt gemacht.

So wie die Anderen zu sein, davon sind sie weit entfernt. Mama und sie leben allein, und wenn ihre Klassenkameradinnen mit ihren Eltern in den Urlaub fliegen, geht sie auch in den Ferien in den Schulhort. Manchmal stellt sich Vanessa vor, wie es wäre, in einer richtigen Familie zu leben. Die

Eltern würden sie jeden Nachmittag gemeinsam von der Schule abholen, am Wochenende wäre immer Familienfrühstück mit Kakao und frischen Brötchen und in den Ferien würden sie alle gemeinsam Urlaub machen. So, wie sie es immer von Marie hört, wenn sie von zu Hause erzählt. Auf jeden Fall genauso perfekt, wie sie sich Maries Familie in ihren Träumen vorstellt.

Letztes Jahr im Sommer durfte Vanessa ins KidsCamp fahren. Das hatte Mama ihr zum Geburtstag geschenkt und Vanessa hatte sich wie ein ganz normales Kind gefühlt. Im KidsCamp hat Vanessa zum ersten Mal von Gott gehört und dass Gott ihr Vater sein will. Vanessa hat nicht schlecht gestaunt: Einer der freiwillig ihr Vater sein will! Ob der ihre Mutter kannte? Dann hat sie verstanden, dass Gott alle Menschen liebt und dass man nicht perfekt sein muss, um von Gott geliebt zu werden. So unperfekt wie Vanessa ihre Familie empfindet, muss Gott ganz schön viel Liebe haben.

Friedrich

Fußball, Klavier und das Mädchen

Als Friedrich vor einem halben Jahr neu in die 4a kam, kannte er niemand. Und niemand wollte mit ihm zu tun haben. Papa hatte eine neue Arbeit bekommen. Deshalb musste die ganze Familie umziehen. Friedrich fand das irgendwie unfair. Klar konnte er Papa verstehen. Sie hatten es ihm ja lang und breit und immer wieder erklärt: Wie wichtig es wäre, dass sein Vater diesen neuen Verantwortungsbereich hat, und wie schön es doch ist, dass die Familie nun in einem neuen großen Haus lebt mit zwei Badezimmern und eigenem Garten. Aber er war sich nicht so sicher, ob die Eltern auch verstanden, wie schwer es für ihn war, seine Freunde zurückzulassen und sein Kinderzimmer in der alten Wohnung.

Seit Papa die neue Arbeit hat, ist er noch weniger zu Hause. Wenn er am Wochenende da ist, spielen sie zusammen Fußball. Eigentlich mag Friedrich gar kein Fußball, aber er ist gern mit Papa zusammen. Papa hat ihm gezeigt, wie man einen Pass zuspielt. In der Schule kann er das gut gebrauchen. Da spielen auch alle Fußball. So hat Friedrich in der neuen Klasse Freunde gefunden. Wenn Mannschaften aufgestellt werden, wird er nun meistens als einer der ersten Spieler gewählt. Weil er gut passen kann. Zusammen mit Moritz ist kein Torwart vor ihnen sicher. Moritz ist sein neuer bester Freund. Aber außer Fußball spielen verbindet die beiden eigentlich nichts.

Wenn Friedrich allein ist, spielt er Klavier. Seit dem Umzug macht er das noch öfter. Klavier und Fußball kann man nicht vergleichen. Trotz der schwarzen und weißen Felder erlebt er die Musik als eine ganz andere Welt. Seine Welt. Am Klavier muss er nicht gut drauf sein. Am Klavier, darf er so sein, wie er wirklich ist. Fröhlich, traurig, mutig, ängstlich. Er kann noch nicht alles spielen, die Finger kommen noch nicht hinterher, aber er formt einzelne Töne zu seinen ganz eigenen Melodien. So redet er auch mit Gott. Es ist seine Art. Seit Freitag letzter Woche spielt er eine ganz neue Melodie. Auf einmal war sie da. Er ist sich nicht sicher, aber vielleicht ist es, weil Luise ihm an diesem Tag das erste Mal zugelächelt hat.

VII. Ehrenämter

Klaus

Leseopas gesucht, sinnstiftendes Ehrenamt gefunden

Dass Klaus einmal freiwillig zur Schule gehen und sich auch noch darauf freuen würde, keiner seiner Lehrer hätte das damals für möglich gehalten. Vielleicht fühlen sich die Schülerinnen und Schüler der 4b deshalb so gut von ihm verstanden. Der 69-Jährige klappt das Buch, aus dem er vorgelesen hat, behutsam zu und blickt in den Klassenraum.

Er weiß, wie wichtig es ist, lesen zu können und die Freude daran, in den Kindern zu wecken. Auch, dass es mit Leistungsdruck und schlechten Noten nicht gelingen wird. Fürs Lesen üben und Individualbetreuung bleibt den Lehrern im stressigen Schulalltag kaum Zeit. Deshalb hatte die Schule eine Initiative gestartet und um Mithilfe gebeten.

»Leseopas gesucht!« stand auf einem Aushang vor der Schule und Klaus, der sich geschworen hatte, nie wieder eine Schule zu betreten, hatte sich freiwillig gemeldet. Lesen, so war dort zu lesen, sei die Basisqualifikation fürs Leben. Das hatte ihn angesprochen und an seine eigene Geschichte erinnert.

Lesen war ihm selbst immer schwergefallen. Richtig Lesen hatte er erst mit der Bibel gelernt. Lange nach seinem Schulabschluss und in mühsamem Selbststudium, weil ihn der Inhalt des Buches so sehr interessierte. Dort hatte er auch den Satz entdeckt, der ihn zu seinem ehrenamtlichen Engagement inspiriert: »Umsonst habt ihr's empfangen, umsonst gebt es auch.« (Matthäus 10,8b)

Elke

Frühlingsspaziergänge, die Schallplattensammlung und alles außer Basteln

Für die Heimbewohner ist sie einfach ihre Elke. Ohne Schwester davor, weil sie das nicht ist, und ohne Nachnamen. Mit Nachnamen, das sind die Mitarbeiter in der Verwaltung. Als ehrenamtliche Betreuerin kann sich Elke ganz auf die Bedürfnisse der Bewohner konzentrieren. Krankheitsbilder und Pflegegrade interessieren sie wenig. Viel wichtiger ist es ihr, die Menschen hinter den Nummern zu sehen.

Elke hört ihnen zu, liest ihnen vor, singt mit ihnen, bekommt Fotoalben gezeigt. Ein älterer Herr liebt es, ihr ausgewählte Titel aus seiner Schallplattensammlung vorzuspielen. Basteln hingegen, wer auch immer sich das ausgedacht hat, finden die meisten langweilig. Elke hat noch keinen einzigen Heimbewohner getroffen, der sich wirklich dafür begeistern konnte.

Gemeinsam sehnen sie den Frühling herbei, wenn sie endlich wieder in den Park können. Wenn Elke dabei ist, kann der Rollator im Zimmer bleiben.

Wer gar nicht mehr gut zu Fuß ist, darf im Rollstuhl Platz nehmen. Elke schiebt. Dass sie selbst auch nicht mehr die Jüngste ist, hier im Seniorenpflegeheim spielt das keine Rolle. Hier gehört sie zu den Jungen.

Dabei lebt Elke dank ihrer Arbeit mit den Heimbewohnern intensiver. Auch Themen, die sie immer vor sich hergeschoben hat, stellt sie sich ganz bewusst. Nicht aus Angst vor dem Älterwerden, sondern in dem Bewusstsein, dass das Leben ein kostbares und auf Zeit verliehenes Gut ist. Jeder neue Tag ist neu geschenkte Zeit ist. Sie ist dankbar dafür.

Lothar

Nachhilfe, Wissenslücken und lebenslanges Lernen

»Ich hab' eine Eins!« Lothar, nickt seiner Nachhilfeschülerin anerkennend zu und freut sich mit ihr über die gelungene Mathearbeit. Klar, dass man mit so einer guten Nachricht gleich unmittelbar nach dem Öffnen der Wohnungstür, noch im Treppenhaus herausplatzen muss.

Was soll's? Die Nachbarn haben sich längst daran gewöhnt, dass der 71-Jährige Nachhilfeunterricht gibt. Jeden Nachmittag zwischen 15 und 18 Uhr: Deutsch, Geschichte und Naturwissenschaften. Bei Bedarf auch am Wochenende. Bedarf ist reichlich.

Lothar nimmt sich die Zeit. Mit Engelsgeduld erklärt und wiederholt er versäumten Lernstoff. Kompetent und freundlich illustriert er komplexe Sachverhalte, knüpft an bereits vorhandene Kenntnisse an und schließt Wissenslücken.

Auf die Idee mit den Lernhilfevideos im Internet hatten ihn seine Nachhilfeschüler gebracht. Erst hatte er lachend abgewunken, aber als immer mehr von ihnen fragten, warum er seine Nachhilfe denn nicht auch online anbietet, hatte er angefangen zu recherchieren. Sie, die Schüler, waren es auch, die ihm, dem Lehrer, beigebracht hatten, wie man Videosequenzen aufnimmt und hochlädt, und was es mit »Klicks« und »Likes« im Internet auf sich hat.

Geld verdienen möchte er mit dem Nachhilfeunterricht nicht. Lothar arbeitet ehrenamtlich. Weil er daran glaubt, dass das Miteinander der Generationen tatsächlich gelingen kann, und weil er seinen Teil dazu beitragen will.

Marianne

Bohnenkaffee, Eierschecke und der Duft der großen weiten Welt

Früher hatte sie immer weggewollt. So weit wie möglich. Nur raus aus dem kleinen Kaff. Dahin, wo das Leben pulsiert. Überall würde es besser sein als hier. Marianne schaut vom Tresen aus in das kleine Café, dass der Heimatverein betreibt, und lächelt. Es riecht nach frisch gebrühtem Bohnenkaffee, alten Büchern und Eierschecke.

Ob es überall besser ist als hier, Marianne ist sich da nicht mehr so sicher. Für sie war es gut und wichtig, damals mit dem Schulabschluss die Segel zu setzen und zu neuen Ufern aufzubrechen. Andere waren ein Leben lang hiergeblieben, hatten die Gegend nie verlassen, und das ist auch in Ordnung.

Marianne wickelt das Kuchenblech aus der Alufolie und schneidet die Eierschecke in appetitliche Stücke. Dass es überall anders ist, unbestritten. Und dass es den Blick weitet, sich aufzumachen, keine Frage. Was sie an ihrer Heimat hatte, ihr war das erst in der Fremde bewusstgeworden. Je länger sie fort war, desto intensiver. Auch deshalb war sie vor wenigen Jahren zurückgekehrt.

Wenn sie etwas gelernt hat, dann, dass es mehr als eine Wahrheit gibt. Wenigstens so viele, wie Perspektiven. Und Heimat ist nur eine Facette davon. Heimat ist für sie ein anderer Ort, als für die Freunde, die sie in der Fremde gefunden hat. Wieder andere haben in der Fremde ihre Heimat gefunden. Marianne will es ihnen zugestehen, auch wenn ihre Heimat hier ist.

Seit ihrer Rückkehr engagiert sich Marianne ehrenamtlich im Heimatverein ihres Geburtsortes. Nicht um Vergangenes zu glorifizieren, sondern um wertzuschätzen und bewusstzumachen. Auch den nachfolgenden Generationen. Heimatverbunden bedeutet für sie nicht fremdenfeindlich, sondern weltoffen zu sein. Diese Weite möchte sie sich bewahren.

Fabian

Die Feuerwehr, der Berufswunsch und das Wort des Zugführers

Wenn Fabian gefragt wird, was er mal werden will, antwortet er wie aus der Pistole geschossen: Feuerwehrmann. Dabei ist der 10-Jährige seinem Berufswunsch bereits näher, als so mancher Abiturient. Jeden Mittwoch und jeden Sonntag geht er zur Freiwilligen Feuerwehr. Dort lernt und übt er mit den Kameraden, worauf es im Ernstfall ankommt.

Ob es sich um einen Einsatz oder einen Probealarm handelt, wissen die Feuerwehrleute immer erst, wenn sie an der Wache angekommen sind. Aber das macht keinen Unterschied. Sobald die Sirene ertönt, lassen die Großen alles stehen und liegen und kommen so schnell wie möglich zum Spritzenhaus, ziehen ihre Schutzkleidung an und springen in die Einsatzfahrzeuge. Jeder Handgriff sitzt.

Wie gern wäre Fabian dabei, wenn die Kameraden mit Blaulicht zum Einsatz ausrücken. Was es wohl diesmal ist? Ein umgestürzter Baum, eine Überschwemmung, vielleicht sogar ein echter Großbrand? Fabian könnte den Männern stundenlang zuhören, wenn sie von ihren gefährlichen Einsätzen erzählen. Nicht jeder Einsatz geht gut aus.

Das Wort des Zugführers hat bei allen Gewicht. Er hat sie gelehrt, dass es immer um die Menschen geht und dass hinter jedem Einsatz Schicksale stehen. Als die Feuerwache im letzten Jahr neu verputzt werden sollte, hatte er darauf bestanden, dass der alte Bibelvers am Eingang erhalten bleibt: »Niemand hat größere Liebe als die, dass er sein Leben gibt für seine Freunde.« (Johannes 15,13)

Anke

Bohnerwachs, roter Tee und weitere Klischees

Es gibt so Situationen, mitten am Tag, da fühlt sie sich wie ein wandelndes Klischee. Die Haare zum Dutt nach oben gebunden, die Gitarre auf den Rücken geschnallt, war Anke vom Singen und Filzen mit den Kindergartenkindern direkt zum Gemeindehaus gestrampelt, um die Sitzung des Gemeindekirchenrates vorzubereiten. Fehlt nur noch der rote Tee, denkt sie und muss über sich selbst schmunzeln.

Das alte Gemeindehaus riecht nach Bohnerwachs und Konfirmandenunterricht. Anke setzt Teewasser auf, öffnet die Fenster, stellt die im Raum herumstehenden Stühle um den Tisch und legt Liederbücher auf jeden Platz. Mit Schaufel und Besen fegt sie Kekskrümel und Papierschnipsel vom Boden. Auch Kreide, Scheren, Fasermaler und Klebestifte räumt sie zurück an ihren Ort.

Nein, Anke wird sich nicht über die Konfirmandengruppe beschweren, und wie unordentlich sie den Gemeinderaum hinterlassen hat. Auch nicht über den Pfarrer, der ja ebenfalls darauf achten könnte. Vielmehr fühlt sie sich an ihre eigene Konfirmandenzeit erinnert. Freundschaften, Liedzeilen und Geschichten aus der Bibel, die sie bis heute begleiten.

Der Teekessel pfeift. Elke gießt den roten Tee auf und lächelt. Klischee hin oder her. Der Glaube an Gott gibt ihr Halt, Identität, Hoffnung und Perspektive. So hat sie es wieder und wieder erlebt. Sie weiß sich von ihm durch Zeiten und Unzeiten hindurch begleitet und getragen. Daran wird sie festhalten.

Ulrich

Das alte Kino, ihr Fenster in die Welt und die Entscheidung, dem Guten Raum zu geben

Das Kino ist seine große Leidenschaft. Das Kino und der Film. Ulrich nimmt die große Zelluloidrolle aus dem alten Projektor und verstaut sie behutsam in der runden Metalldose. Als das Kino der Stadt damals geschlossen werden sollte, weil es sich nicht mehr rentierte, war er aktiv geworden. Zusammen mit Freunden aus der Schulzeit hat er einen Verein gegründet und das in die Jahre gekommene Lichtspieltheater in mühsamer Kleinarbeit restauriert. Ehrenamtlich und in Eigenleistung. Sie kannten es ja nur zu gut und wussten, worauf sie nicht verzichten wollten. Als Jugendliche hatten sie sich nahezu jede Woche hier getroffen. Immer dann, wenn ein neuer Film anlief. Ihr Fenster in die Welt. Manches Paar, das sich im Flimmerlicht des Projektors gefunden hatte.

Ehrenamtlich läuft auch der Betrieb des Kinos. An sechs Abenden in der Woche. Für Schulklassen beginnt der Kinobetrieb auf Reservierung schon am Nachmittag. Dabei geht es Ulrich und seinen Freunden nicht darum, den großen Kinos Konkurrenz zu machen, sondern gute Filme zu zeigen, die es nicht in die großen Kinos schaffen.

Der alte Projektor für die Zelluloidrollen kommt nur noch selten zum Einsatz. Längst hat auch das kleine Programmkino auf digitale Projektion umgestellt. Und nein, das ist kein Verlust. Im Gegenteil, es ermöglicht ihnen, alte und neue Filme zu zeigen, die es wert sind, gesehen zu werden, auch wenn sich dafür kein breites Publikum findet. Dem Guten Raum zu geben, für Ulrich ist das zum Lebensmotto geworden.

VIII. Weihnachtsgeschichten

Andrea

Weihnachtsputz, Kartoffelsalat und ein kleiner Bademeister

[1] Es begab sich aber zu der Zeit, dass ein Gebot von dem Kaiser Augustus ausging, dass alle Welt geschätzt würde. [2] Und diese Schätzung war die allererste und geschah zur Zeit, da Quirinius Statthalter in Syrien war. [3] Und jedermann ging, dass er sich schätzen ließe, ein jeglicher in seine Stadt. (Lukas 2,1–3)

Die Kinder kommen. Andrea steht in der Küche und putzt Gemüse. Seit Tagen kann sie an nichts anderes denken. Sie hat Staub gewischt, die Zimmer gesaugt, Spiegel und Wasserhähne auf Hochglanz poliert, alle Fenster geputzt und ausnahmslos jeden Raum weihnachtlich dekoriert. Nur für den Weihnachtsbaum hat sie noch Platz gelassen. Darum kümmert sich Hartmut. Wie jedes Jahr.

Andrea kümmert sich um das Festessen. Heiligabend gibt es traditionell Kartoffelsalat und Würstchen, am ersten Weihnachtsfeiertag die Weihnachtsgans und am zweiten ihren selbstgemachten Sauerbraten. Andrea lächelt. Essen gehen kommt nicht in Frage. Sie weiß, dass die Familie nur kurz protestieren würde. Umso mehr freut sie sich, wenn das von ihr selbst zubereitete Festessen gelingt und wertgeschätzt wird. Sogar die Klöße macht sie selbst. Dass sie dafür auch an den Feiertagen lange vor allen anderen aufstehen muss und viele Stunden in der Küche steht, nimmt sie gern in Kauf.

Advent heißt Ankunft. Doch, Andrea freut sich auch über die Geburt des Jesuskindes. Aber noch mehr freut sie sich an Weihnachten auf die Ankunft der Kinder und das Beisammensein in Familie. Seit die beiden Großen aus dem Haus sind, ist vieles anders. Gut, dass Felix noch da ist. Als sich der Nachzügler ankündigte, war für Hartmut eine Welt zusammengebrochen. »Zwei Kinder sind völlig ausreichend«, hatte er immer gesagt und ihr vorgerechnet, was allein ein Kind bis zum achtzehnten Lebensjahr kostet. Für Hartmut muss immer alles seine Ordnung haben. Pünktlich mit dem Schulabschluss waren die Kinder dann auch zum Studium gegangen. Erst Thomas nach Stuttgart. Dann Franziska nach Rostock.

Andrea ist dankbar für jeden Moment, den sie mit Felix verbringen darf, und bewundert, wie es der kleine junge Mann schafft, sich mehr und mehr einen Platz im Herzen des großen alten Mannes zu erobern. Unnachgiebig, völlig intuitiv und mit entwaffnender Ehrlichkeit.

Als er Hartmut letztens gefragt hat, warum er denn so wenig Haare am Hinterkopf habe, und Hartmut verärgert stutzte, hatte Felix die Situation entschärft, indem er sich die Antwort gleich selbst gab: »Das ist bestimmt, weil du immer so viel nachdenkst, Papa. Und Nachdenken ist ja was Gutes.«

Es macht Andrea nichts aus, dass ihr Mann deutlich älter ist. Sie fühlt sich bei ihm geborgen. Sie hat es so gewollt. Dass er häufig für Felix' Großvater gehalten wird und er deshalb lieber allein unterwegs ist, auch daran hat sie sich gewöhnt. Deutlich schwerer fällt es ihr, immer wieder zwischen Hartmut und den beiden Großen zu vermitteln. Sie sind in nahezu jedem Punkt unterschiedlicher Meinung. Oft genügt nur ein winziger Funke, um das Pulverfass zur Explosion zu bringen.

Thomas, ihr Großer, ist beruflich sehr erfolgreich, was ihm zumindest etwas Anerkennung seines Vaters einbringt. Franzi hingegen, die Mittlere, bekommt einfach keinen Fuß auf den Boden. Sie hat unzählige Semester studiert aber noch immer keinen einzigen Abschluss. Als sie letztes Jahr Weihnachten mit der Sprache rausrückte, dass sie ihr Studium schmeißen und eine Ausbildung beginnen wolle, war Hartmut außer sich. Und Thomas war mal ausnahmsweise seiner Meinung. Wenn Andrea daran denkt, schießen ihr Tränen in die Augen.

»Was ist denn Mama?«, will Felix wissen, der in diesem Moment auf Socken in die Küche geflitzt kommt. »Das ist nur vom Zwiebeln schneiden, mein Schatz«, lächelt Andrea und wischt die Tränen mit dem Handrücken fort. Felix gibt ihr einen Kuss. »Du musst noch in die Badewanne, kleiner Mann … – Und Haare waschen nicht vergessen!« ,ruft sie ihm hinterher, aber Felix ist längst ins Bad gesaust und lässt bereits das Wasser einlaufen.

»Mama, hilfst du mir?«, ruft Felix nur Sekunden später aus der Badewanne. Andrea schaut auf die Uhr, schiebt die Zwiebeln beiseite und eilt dem kleinen Bademeister zur Hilfe. Bestimmt, ganz bestimmt wird dieses Jahr Weihnachten alles besser.

Hartmut

Letzte Besorgungen, die Globalisierung und ein frierender Weihnachtsbaumverkäufer

[4] Da machte sich auf auch Josef aus Galiläa, aus der Stadt Nazareth, in das judäische Land zur Stadt Davids, die da heißt Bethlehem, darum dass er von dem Hause und Geschlechte Davids war [5] auf dass er sich schätzen ließe mit Maria, seinem vertrauten Weibe; die war schwanger. (Lukas 2,4.5)

Irgendwie hatte er sich das Rentnerdasein anders vorgestellt. Hartmut parkt mit viel Zwischengas in der letzten freien Nische vorm Baumarkt, schließt mit der Fernbedienung, wartet das automatische Einklappen der Rückspiegel ab und trottet zu den Weihnachtsbäumen. Davor hatte er, wie jedes Jahr, Senf gekauft und Streichhölzer und noch ein Dutzend anderer Dinge, die Andrea ihm aufgeschrieben hatte. Einkäufe, bei denen man wenig falsch machen konnte und die ihn doch für lange Zeit beschäftigt und außer Hauses hielten. Wenn sie den Staubsauger schwingt, sucht man(n) besser das Weite.

Hartmut ist bei den Weihnachtsbäumen angekommen. Es riecht nach Harz und Autoabgasen. Die

Weihnachtsbäume beziehungsweise die, die noch übrig sind, stehen auf einem abgegrenzten Areal des Parkplatzes. Klasse Idee, in einer Saison in der jede Parknische gebraucht wird. Die verbliebene Auswahl an Weihnachtsbäumen ist überschaubar. Die Preise sind es auch. Feuerholz ist für unter 30 Euro zu haben. Alles andere ist deutlich teurer.

Hartmut mustert eine Blaufichte für 49,90. Der Preis steht so groß dran, dass er ihn auch ohne Brille erkennt. Stolzer Betrag für einen Stamm, der mehr Besen als Baum ist. Zur Not müsste er Äste versetzen. Wenn er hier oberhalb und etwas weiter unten einen Zweig einsetzen würde, eine 6-Millimeter-Bohrung hier, dort eine 8-Milimeter-Bohrung, könnte es gehen. Außerdem müsste man …

»Sie Baum finden?« Der Verkäufer friert. Trotzdem lächelt er Hartmut freundlich an. Sein dunkler Teint unterstreicht die weißen Zähne. Der junge Mann trägt eine dicke alte Jacke, Schal, Mütze, Kapuze und gelbe Arbeitshandschuhe. Die Kälte scheint das nicht abzuhalten. »Ich suche noch«, antwortet Hartmut kühl und stellt die Blaufichte zurück.

Nein, er hatte sie nicht willkommen geheißen, als sie zu Tausenden über die Grenzen nach Deutschland kamen. Weihnachtsgeschichte und christliche Nächstenliebe hin oder her. Er hat nicht ein Leben lang geschuftet, um seinen Ruhestand mit Asylschmarotzern zu teilen. Andrea und die Kinder hatten das natürlich anders gesehen. Dass er fremdenfeindlich sei, hatte er sich anhören müssen, und eine völlig antiquierte Weltsicht habe, und ob er aus der Geschichte denn überhaupt nichts gelernt habe?

Hartmut schlägt den Kragen hoch und sucht weiter. Was bitteschön ist denn eine K-o-r-e-a-tanne? Nun braucht er seine Brille doch. Aber ja, er hat schon richtig gelesen. Tatsächlich! Koreatanne. Die Globalisierung macht wirklich vor nichts Halt. Sich von den eigenen Kindern die Welt erklären zu lassen, ist nicht leicht. Natürlich hat sich vieles verändert. Das sieht er ja selbst. Alles ist schneller geworden und unübersichtlicher, und wer kein Englisch spricht, kann ohnehin nicht mitreden, aber sie müssen doch einsehen, dass …

»Baum gut?« Hartmut erkennt den frierenden Verkäufer hinter der großen, bedenklich schwankenden Nordmanntanne nur am Zittern seiner Stimme und den gelben Arbeitshandschuhen. Endlich ein Baum, der nach Weihnachten aussieht. Und günstiger als die Blaufichte ist er auch. »Danke, mein Freund«, hört sich Hartmut sagen, »den nehm' ich!«, und fragt sich, ob er wirklich »mein Freund«

gesagt hat, während sein neugewonnener Freund die Nordmanntanne zur Kasse schleppt und geschickt für den Transport verpackt.

Die junge Frau an der Kasse friert auch. Sie erinnert ihn an seine Tochter. Wenn sie lächelt, sieht sie aus wie Franziska. Ja, sie muss in ihrem Alter sein. Erst beim Gehen bemerkt er, dass sie schwanger ist. Sein Telefon klingelt.

Franziska

Alle Jahre wieder, die nächste verpatzte Chance und der feine Vorzeigebruder

6 Und als sie daselbst waren, kam die Zeit, dass sie gebären sollte. 7 Und sie gebar ihren ersten Sohn und wickelte ihn in Windeln und legte ihn in eine Krippe; denn sie hatten sonst keinen Raum in der Herberge. (Lukas 2,6.7)

Warmes Licht strahlt durch die Kirchenfenster nach außen. Franziska hört die vertrauten Klänge. Draußen vor der Kirche ist es stockfinster und bitterkalt. Sie hat Hunger. Ihre Chucks sind durchnässt. Kälte kriecht an den Beinen hoch. Wie oft hatte sie die Maria schon selbst gespielt! Ausnahmslos jeden Vers der Weihnachtsgeschichte kann sie textsicher mitsprechen. Keine Melodie, die sie nicht mitsingen könnte. Kindergarten, Grundschule, Gymnasium, bis zur achten Klasse hatte Franziska – alle Jahre wieder – die Maria verkörpert. Sie denkt gern daran zurück. Franziska hatte sie immer bewundert: Maria! Diese starke junge Frau, die allen gesellschaftlichen Konventionen zum Trotz mutig, unerschrocken und selbstbewusst ihren Weg geht. Gegangen ist Franziska auch. Mehr als einmal. Nicht wirklich mutig und oft erschrocken über sich selbst. Im Aufgeben und Davonlaufen ist sie einsame Spitze.

Wie es sich anfühlt, keinen Raum in der Herberge zu haben, erlebt sie in diesem Jahr hautnah: »Du brauchst dich hier nicht mehr blicken lassen!«, hatte sie der Vater vorhin am Telefon angeschrien. Franziska verkriecht sich noch tiefer in ihren Wintermantel. Ihr Weihnachtsgeschenk von den Eltern. Letztes Jahr. Das Licht der Kirchenfenster verschwimmt vor ihren Augen. Dabei sollte dieses Jahr Weihnachten alles besser werden. Wie's aussieht, hat Franziska es wieder verbockt.

Die Eltern schenken sich selbst schon lange nichts mehr. Früher, als noch alle zu Hause gewohnt haben, hatte Papa Franziska immer gebeten, ein schönes Weihnachtsgeschenk für Mama auszusuchen. Spätestens Heiligabend war es ihm eingefallen und Franziska, hatte sich jedes Jahr etwas Tolles einfallen lassen. Sie haben ja Recht. Ja, sie hat noch nicht so viel auf die Reihe bekommen. Ihr feiner Vorzeigebruder zieht sie immer damit auf, dass sie ja zumindest das Seepferdchen erfolgreich absolviert habe – beim dritten Versuch. Im Vergleich zu Thomas hat sie absolut nichts vorzuweisen: kein abgeschlossenes Masterstudium, keine lukrative Führungsposition, kein Leasingwagen, keine Eigentumswohnung. Franziska schnaubt. Als ob es darum gehen würde. Thomas besaß doch tatsächlich die Unverfrorenheit, sich damals, als in Deutschland alle zusammenrückten, als Single eine 150-Quadratmeter-Wohnung mit Dachterrasse zu kaufen. Wie egoistisch kann man sein.

Schule war für Franziska im Wesentlichen Abhängen, Freunde treffen, Musik machen, Tierschutz, Demos, Umweltschutz und Theater-AG. Dass sie das Abi geschafft und einen Studienplatz bekommen hatte, Franziska hatte es selbst kaum glauben können. Umso bitterer war die Enttäuschung, als sie den Eltern dann letztes Jahr zu Weihnachten beichtete, dass sie ihr Studium nach sieben Semestern und keinem einzigen Schein geschmissen hatte und nun eine Ausbildung anfangen wolle. Papa war außer sich, Mama einfach nur traurig.

Mühsam hatten sie Stück für Stück übers Jahr wieder zueinander gefunden, was nicht zuletzt Mamas Backkünsten zu verdanken war. Bis vorhin. Damit Heiligabend nicht wieder alles schiefgeht, hatte Franziska allen Mut zusammengenommen und Papa am Vormittag angerufen. Sie wollte sich nicht hinter Mama verstecken und ihm diesmal alles vorher beichten. Und zunächst schien ihr Plan auch aufzugehen. Mama hatte Papa wie jedes Jahr zum Einkaufen geschickt. Als sein Telefon klingelte, hievte er gerade den Weihnachtsbaum aufs

Autodach. Und dann war alles aus ihr einfach nur so herausgesprudelt: dass es ihr leidtue, wie letztes Jahr Weihnachten gelaufen sei, und dass sie ihn enttäuscht hatte und dass dieses Jahr bestimmt alles besser werden würde und dass ihm ein Geschenk für Mama besorgt hatte und dass sie sich auf den Abend freue … Und dass, das wollte sie ihm dieses Jahr unbedingt vorhersagen, dass sie ihre Ausbildung, äh …, also …, bevor er fragt, dass sie … äh, also, dass sie da erstmal nicht mehr hingeht. »Ich hab dich lieb, Papa«, wollte sie noch sagen, aber dazu kam sie nicht mehr. Sie hörte ein lautes Geräusch durchs Telefon, so als ob Holz über lackiertes Metall rutschen würde, und dann nur noch die wütende Stimme des Vaters, dass sie sich nicht mehr blicken lassen brauche.

Thomas

Krippenspiel, verlorener Kinderglaube und mehr Lametta

8 Und es waren Hirten in derselben Gegend auf dem Felde bei den Hürden, die hüteten des Nachts ihre Herde. 9 Und des Herrn Engel trat zu ihnen, und die Klarheit des Herrn leuchtete um sie; und sie fürchteten sich sehr. (Lukas 2,8.9)

»Früher war mehr Lametta.« Thomas sitzt mit Papa, Mama und Felix im Krippenspiel und denkt an Loriot. Während alle anderen Besucher der Adventsvesper sichtlich ergriffen scheinen, mustert Thomas die Weihnachtsdeko in der bis auf den letzten Platz gefüllten Kirche. Immer wieder fallen ihm die Augen zu. Er hatte bis eben gearbeitet und war direkt aus dem Büro gekommen. Nun könnte er auf der Stelle einschlafen. Zum Glück sitzen sie so gedrängt, dass er nicht aus der Bank fallen kann. Auch die kalten Füße hindern ihn am Einschlafen. Hemd und Jackett hingegen kleben am Körper. Thomas lockert die Krawatte. Vielleicht hätte er den Mantel doch ausziehen sollen. Dafür ist es jetzt zu spät.

Den drei kleinen Hirten vorm Altar ist auch kalt. Einer der drei hat beim Kniefall vor dem Engel seinen Schuh verloren und steht nun mit einem Strumpf auf dem Steinboden. Felix muss grinsen.

Früher war wirklich vieles anders. Thomas erinnert sich daran, wie sehr er sich jedes Jahr auf Weihnachten gefreut hatte, wie gern er als Kind ins Krippenspiel gegangen war, wie er seine kleine Schwester als Maria bewunderte, wie er sich auf das Festessen gefreut hatte und auf das Auspacken der Geschenke. Mamas Essen ist nach wie vor durch nichts zu überbieten, aber alles andere hat für ihn mit den Jahren an Bedeutung verloren.

Der kleine Hirte hat seinen Schuh wiedergefunden.

Das mit den Geschenken ist am ehesten zu verschmerzen. Wenn er etwas sieht, was ihm gefällt, dann kauft er es sich einfach. Warum sollte er damit bis Weihnachten warten. Als Single muss er auf niemanden Rücksicht nehmen. Die Weihnachtsgeschenke für die Familie lässt er von seiner Sekretärin besorgen; mit Quittung, für den Fall, dass etwas umgetauscht werden muss. Nur das Geschenk für Felix hat er selbst ausgesucht.

Dass Franzi und er sich einmal so weit voneinander entfernen würden, hätte er nicht für möglich gehalten. Seine tapfere kleine Schwester, die sich in der Schulzeit für alles und jeden engagiert hatte, die keinem Streit aus dem Weg gegangen war und die immer ganz genau wusste, was sie wollte und was nicht, kam so gar nicht mit dem Leben klar. Alle seine Versuche ihr zu helfen waren fehlgeschlagen. Auch die der Eltern. Manche Hilfe hatte sie schlicht abgelehnt. Was würde er dafür geben, wenn Franzi das Leben leben könnte, nach dem sie sucht.

Dabei ist er selbst ein Suchender. Dass der Kinderglaube nicht mehr trägt, ist selbstredend. Aber was kommt danach?

Die kleinen Schauspieler haben das großartig gemacht. Halbzeit! Jetzt kommt der Pfarrer. Thomas schaut unauffällig auf die Uhr an seinem Handgelenk. Sein Interesse an der Predigt hält sich in Grenzen. »Neu?«, flüstert Felix. Thomas nickt.

Vor wenigen Tagen hatte er am Abend alle Lichter in der Wohnung ausgemacht und Kerzen angezündet. Dann hatte er das Weihnachtsoratorium von seiner Playlist gestartet, sich unter seinen Weihnachtsbaum gelegt und just in dem Moment, als der Chor zum »Jauchzet, frohlocket« einsetzt, in einen Lebkuchen gebissen. – Nichts. Absolut nichts. Religiös unmusikalisch, wie sein Professor immer zu sagen pflegte.

Das macht ihm Angst. Weil er weiß, dass da mal was war. Weil er weiß, dass der Glaube tragen kann. Wenn gar nichts mehr geht. Aus der Predigt soll der Glaube kommen, erzählt der Pfarrer. Die Predigt, die er gerade hält, könnte Thomas wahrscheinlich Wort für Wort mitsprechen. Zustimmen würde er keinem einzigen. Glauben noch viel weniger. Thomas hat diese frommen Worthülsen so oft gehört, dass er sie auswendig herbeten könnte. Dazu dieser betroffen machende Predigtjargon. »Diese Sprechmelodie, die einen jeden Vortrag, gleich welchen Mediums wir uns dabei bedienen, schon nach wenigen Sekunden, als Beitrag der Kirchen outet …«, das muss man erstmal draufhaben.

Vielleicht, überlegt Thomas, sollte er sich nächstes Jahr Weihnachten wirklich klemmen und dafür mal in einen Gottesdienst gehen, mit einer Predigt, die er nicht mitsprechen kann.

»Und, hat's dir gefallen?«, fragt er seinen kleinen Bruder, während die Orgel zum »O du Fröhliche« anhebt. »War prima!«, antwortet Felix. »Schön kurz.«

Emilie

Erinnerungen, Herausforderungen und Heiligabend in Familie

[10] Und der Engel sprach zu ihnen: Fürchtet euch nicht! Siehe, ich verkündige euch große Freude, die allem Volk widerfahren wird; [11] denn euch ist heute der Heiland geboren, welcher ist Christus, der Herr, in der Stadt Davids. [12] Und das habt zum Zeichen: Ihr werdet finden das Kind in Windeln gewickelt und in einer Krippe liegen. (Lukas 2,10–12)

Es ist der erste Heiligabend ohne ihren Mann. Emilie seufzt. Seit er nicht mehr da ist, ist alles so beliebig geworden. Sie will von ihm reden, ständig von ihm erzählen, aber niemand scheint sich noch für ihn zu interessieren. Kaum einer, der sich mit ihr an ihren Mann erinnern will. Vor 58 Jahren hatten sie »Ja« zueinander gesagt. So viele gemeinsame Jahre waren ihnen geschenkt. Und jedes Weihnachtsfest hatten sie miteinander verbracht. Erst mit den Eltern, dann als junges Ehepaar allein zu zweit. Später, nachdem sie selbst Eltern geworden waren, mit den Kindern. Die letzten Jahre bei den Kindern. An diesem ersten Heiligabend ohne ihn möchte Emilie niemanden sehen. Auch kein Krippenspiel.

»Wir gehen zwischen Silvester und Weihnachten in die Kirche«, hatte ihr Mann immer gescherzt. »Da haben wir Heiligabend frei.« – So hatten sie es wirklich gehalten und Woche für Woche den Gottesdienst besucht. Das Vertraute immer wieder neu zu erfahren, hatte ihnen beiden Kraft gegeben. Emilie lässt den Bilderahmen mit seinem Foto in den Schoß sinken. Nein, sie möchte das Bild nicht aus der Hand legen. Sie will die Erinnerung festhalten. An manchen Tagen kommt es ihr so vor, als ob die Erinnerung an ihren Mann immer mehr verblasst. Dann drückt sie sein Bild ganz besonders fest an sich und freut sich auf den Himmel.

Der Teekessel pfeift. Emilie atmet tief ein. Sie will nicht in der Vergangenheit verharren. Behutsam stellt sie den Bilderrahmen mit dem Foto ihres Mannes zurück auf das geklöppelte Deckchen auf dem Beistelltisch in der Küche und gießt den Tee auf. Die Gegenwart fordert ihre volle Aufmerksamkeit. Als Franzi vorhin weinend und halb erfroren vor ihrer Tür stand und ihr schluchzend von ihrem Streit mit Hartmut erzählte und vom Krippenspiel, dass sie zum ersten Mal von draußen mitverfolgt hatte, da hatte Emilie sie einfach in den Arm genommen. Dann hatte sie ihre Enkeltochter in eine warme Decke auf dem Sofa eingekuschelt, Teewasser aufgesetzt und die durchnässten Schuhe mit Zeitung ausgestopft und zum Trocknen auf die Heizung gestellt.

Emilie trägt die Teetassen, Kandiszucker und selbstgebackene Plätzchen auf einem Tablett ins Wohnzimmer. Sie setzt sich zu Franzi und streicht ihr liebevoll eine Haarsträhne aus dem Gesicht. »Habe ich dir eigentlich schon mal erzählt, dass dein Großvater genauso ein Stoffel sein konnte, wie dein Vater?«, fragt Emilie. Franziska richtet sich auf dem Sofa auf: »Opa auch?« Emilie nickt. »Einmal haben dein Großvater und dein Vater fast sechs Wochen lang nicht miteinander geredet. Immer wenn der eine auf den anderen zugehen wollte, hatte der andere auf stur geschaltet.« Emilie schüttelt den Kopf. »Aber ich habe beide auch ganz anders kennengelernt.«

Emilie richtet sich auf: »Auf geht's, meine Schöne. Wir werden erwartet!« »Aber ich kann doch nicht einfach …« Franziska zögert. »Und ob wir das können!«, antwortet Emilie. »Wir lassen uns doch von meinem Sohn nicht verbieten, den Heiligabend miteinander zu verbringen.« Franziska fasst neuen Mut. Wenn Oma mitkommt, traut sie sich auch. Sie muss nur noch kurz telefonieren.

Felix

Omas Vanillepudding und vier Generationen glücklich unterm Weihnachtsbaum

[13] Und alsbald war da bei dem Engel die Menge der himmlischen Heerscharen, die lobten Gott und sprachen: [14] Ehre sei Gott in der Höhe und Friede auf Erden und den Menschen ein Wohlgefallen. (Lukas 2,13.14)

Die Nordmanntanne strahlt. Felix ist fast fünf und ein großer Weihnachtsfan. Einige Äste sehen so aus, als ob der Weihnachtsbaum vom Autodach gefallen sei, aber das kann täuschen. Der Weihnachtsschmuck und die leuchtenden Kerzen holen alles wieder raus.

Gespannt wie ein Flitzebogen sitzt er am Tisch und schaut in die Runde. So erfolgreich wie Thomas will Felix auch mal werden. Dabei so lieb wie Mama, so cool wie Papa, so lustig wie Franzi und so, so … Felix fällt das Wort nicht ein, mit dem er Oma Emilie beschreiben könnte. Seit Opa gestorben ist, ist sie oft traurig. Dabei kann sie selbst sehr gut trösten. Wenn Felix mal traurig ist und damit zu Oma geht, dauert es meistens nicht lange, bis alles wieder gut ist. Oma kann prima Vanillepudding und macht den extra süß. Felix war überglücklich als Franziska und Oma Emilie vorhin vor der Tür standen. Bis dahin war nämlich noch unsicher, ob Oma heute Abend dabei sein würde. Wegen Opa. So schön, dass Franzi sie überreden konnte und nun alle zusammen Weihnachten feiern. Aber das war noch nicht alles.

Als es dann wenig später noch einmal klingelte und Papa die Tür öffnete, stockte allen für einen Moment der Atem. Aber Papa schien Franzis neuen Freund schon zu kennen. Sein dunkler Teint unterstreicht die weißen Zähne. Felix fand ihn auf Anhieb sympathisch. Dass es ihm für einen Moment die Sprache verschlagen hatte, schien nicht an mangelnden Sprachkenntnissen zu liegen. Auch Papa brachte keinen Ton raus. Man hätte eine Tannennadel fallen hören.

Amin, so heißt Franzis neuer Freund, brach das peinliche Schweigen als Erster. Er stellte sich vor und wollte gleich wissen, was denn mit dem Baum passiert sei: »Baum nicht gut?«

»Da kannst du nichts dafür«, antwortete Papa freundlich. »Das ist meine Schuld.« Und musste lachen. So herzlich wie lange nicht mehr. Franzi war Papa um den Hals gefallen und wollte ihn gar nicht mehr loslassen. Als Amin dann noch erzählte, dass er eigentlich gar kein Weihnachtsbaumverkäufer ist, und dass er nur seiner Schwester und ihrem Mann geholfen habe, und dass er in Festanstellung als Landschaftsgärtner arbeitet, hatte Papa sichtbar aufgeatmet.

Ein zweites Mal an diesem Abend hatten alle den Atem angehalten, als Papa dann doch noch wissen wollte, warum Franzi ihre Ausbildung unterbrochen habe. Aber da war ihm Mama ins Wort gefallen: »Was Papa sagen möchte, ist, dass wir uns sehr freuen, dass ihr alle da seid. Frohe Weihnachten! Drei Generationen glücklich unterm Weihnachtsbaum. Das ist ein großes Geschenk.« – »Vier Generationen, meine Liebe, es sind vier!«, hatte Oma Emilie wissend gelächelt und Franzis Hand ergriffen.